上海智库报告文库
SHANGHAI ZHIKU BAOGAO WENKU

示范引领

上海国际金融中心建设新作为

杨力　肖本华　王东明　刘郭方　邹兆敏　著

上海人民出版社

编审委员会

主　任：赵嘉鸣

副主任：权　衡　周亚明

委　员（以姓氏笔画为序）：

干春晖　王为松　叶　青　吕培明

刘元春　祁　彦　阮　青　李友梅

李安方　李岩松　张忠伟　陈东晓

陈志敏　陈殷华　顾　锋　顾红亮

梅　兵　曾　峻　温泽远

序

　　智力资源是一个国家、一个民族最宝贵的资源。建设中国特色新型智库，是以习近平同志为核心的党中央立足新时代党和国家事业发展全局，着眼为改革发展聚智聚力，作出的一项重大战略决策。党的十八大以来，习近平总书记多次就中国特色新型智库建设发表重要讲话、作出重要指示，强调要从推动科学决策、民主决策，推进国家治理体系和治理能力现代化、增强国家软实力的战略高度，把中国特色新型智库建设作为一项重大而紧迫的任务切实抓好。

　　上海是哲学社会科学研究的学术重镇，也是国内决策咨询研究力量最强的地区之一，智库建设一直走在全国前列。多年来，上海各类智库主动对接中央和市委决策需求，主动服务国家战略和上海发展，积极开展研究，理论创新、资政建言、舆论引导、社会服务、公共外交等方面功能稳步提升。当前，上海正在深入学习贯彻习近平总书记考察上海重要讲话精神，努力在推进中国式现代化中充分发挥龙头带动和示范引领作用。在这一过程中，新型智库发挥着不可替代的重要作用。市委、市政府对此高度重视，将新型智库建设作为学习贯彻习近平文化思想、加快建设习近平文化思想最佳实践地的骨干性工程重点推进。全市新型智库勇挑重担、知责尽责，紧紧围绕党中央赋予上海的重大使命、交办给上海的重大任务，紧紧围绕全市发展大局，不断强化问题导向和实践导向，持续推出有分量、有价值、有思想的智库研究成果，涌现出一批具有中国特色、时代特征、上海特点的新型智库建设品牌。

"上海智库报告文库"作为上海推进哲学社会科学创新体系建设的"五大文库"之一，是市社科规划办集全市社科理论力量，全力打造的新型智库旗舰品牌。文库采取"管理部门＋智库机构＋出版社"跨界合作的创新模式，围绕全球治理、国家战略、上海发展中的重大理论和现实问题，面向全市遴选具有较强理论说服力、实践指导力和决策参考价值的智库研究成果集中出版，推出一批代表上海新型智库研究水平的精品力作。通过文库的出版，以期鼓励引导广大专家学者不断提升研究的视野广度、理论深度、现实效度，营造积极向上的学术生态，更好发挥新型智库在推动党的创新理论落地生根、服务党和政府重大战略决策、巩固壮大主流思想舆论、构建更有效力的国际传播体系等方面的引领作用。

党的二十届三中全会吹响了以进一步全面深化改革推进中国式现代化的时代号角，也为中国特色新型智库建设打开了广阔的发展空间。希望上海新型智库高举党的文化旗帜，始终胸怀"国之大者""城之要者"，综合运用专业学科优势，深入开展调查研究，科学回答中国之问、世界之问、人民之问、时代之问，以更为丰沛的理论滋养、更为深邃的专业洞察、更为澎湃的精神动力，为上海加快建成具有世界影响力的社会主义现代化国际大都市，贡献更多智慧和力量。

中共上海市委常委、宣传部部长　赵嘉鸣

2025 年 4 月

目　录

前　言

习近平总书记指出，当今世界，金融是大国博弈的必争之地，金融对强国建设的作用更加凸显。关于强国建设，党的二十大报告提出：从现在起，中国共产党的中心任务就是团结带领全国各族人民全面建成社会主义现代化强国、实现第二个百年奋斗目标，以中国式现代化全面推进中华民族伟大复兴。同时，党的二十大报告强调，到2035年，要建成教育强国、科技强国、人才强国、文化强国、体育强国、健康中国。由于金融在强国建设中的重要性，2023年10月，中央金融工作会议首次提出加快建设金融强国的目标。

打造国际金融中心是加快建设金融强国的题中之义。2024年1月，习近平总书记在省部级主要领导干部推动金融高质量发展专题研讨班开班式上发表重要讲话，深刻阐释了金融强国应当具备的六大关键核心金融要素，其中之一是拥有"强大的国际金融中心"。强大的国际金融中心之于金融强国的重要性不仅基于金融中心的基本特征，即金融要素资源的集聚和辐射特征，而且基于金融中心的综合功能，即市场定价、资源配置、风险管理等功能。[1]正因为打造国际金融中心在金融强国建设中的重要性，2023年10月召开的中央金融工作

---

[1] 屠光绍：《锚定建设强国目标，上海打造国际金融中心升级版》，《解放日报》2024年5月21日。

会议明确提出："增强上海国际金融中心的竞争力和影响力，巩固提升香港国际金融中心地位。"

上海国际金融中心建设于 2009 年正式作为国家战略提出，15 年来稳步推进，国际化程度和全球资源配置功能持续增强。目前，上海集聚了股票、债券、货币、外汇、期货、黄金、保险、票据、信托等门类齐全的金融市场，汇集了金融产品登记、托管、结算、清算等众多金融基础设施，成为全球金融市场最完备的城市之一。今天的上海，已经基本建成与我国经济实力及人民币国际地位相适应的国际金融中心。习近平总书记对上海国际金融中心建设的成就予以肯定，2023 年 11 月 28 日，他在考察上海期货交易所时强调，上海建设国际金融中心目标正确、步伐稳健、前景光明。

新时代新征程我国金融强国目标的提出，既为上海国际金融中心建设提供了巨大机遇，也对上海国际金融中心建设提出了更高要求。对照金融强国建设提出的新要求，上海国际金融中心建设仍有不少短板。如上海虽然形成了较为完备的金融市场、机构、基础设施、产品体系，但在金融服务效率、金融体系韧性和抗风险能力、全球金融资源配置水平等金融中心综合功能方面还需深化和提升。因此，党的二十届三中全会通过的《中共中央关于进一步全面深化改革、推进中国式现代化的决定》明确要求，"加快建设上海国际金融中心"。2024 年 7 月，《中共上海市委关于贯彻落实党的二十届三中全会精神，进一步全面深化改革、在推进中国式现代化中充分发挥龙头带动和示范引领作用的决定》提出，"体系化推进国际金融中心建设"。

新时代新征程，如何体系化推进上海国际金融中心建设，亟待深入研究。其中，尤为重要的是应明确上海国际金融中心建设的根本宗旨。习近平总书记多次就"为实体经济服务是金融立业之本"作出重要论述，因此在新时代新征程上应把金融服务实体经济作为上海国际金融中心建设的根本宗旨。关于金融如何更好服务实体经济，2023年10月，习近平总书记在中央金融工作会议上提出："为了提供高质量金融服务，金融系统要着力做好科技金融、绿色金融、普惠金融、养老金融、数字金融五篇大文章。"该论断指明了金融支持经济高质量发展的发力点和经济金融结构优化的基本方向，是新时代新征程金融服务实体经济高质量发展的根本遵循和行动指南。在金融"五篇大文章"中，科技金融和绿色金融排在前两位，足以说明其在金融高质量发展中的重要性。习近平总书记指出："中国式现代化关键在科技现代化。"而金融与科技、产业形成良性循环，是推动科技创新和产业创新的重要力量。党的十八大以来，以习近平同志为核心的党中央高度重视生态文明建设，将发展绿色金融作为推动实现碳达峰碳中和、建设美丽中国的重要举措，多次作出重要部署。同时，国际经验表明，强大的国际金融中心具有强大的金融风险管理功能：一方面，可以为金融市场的参与者提供风险管理的工具和服务；另一方面，可以为金融资源集聚和辐射的连续性、可持续性提供保障，防范化解非系统性和系统性风险。正因为科技金融、绿色金融、金融风险管理在上海国际金融中心建设中的重要性，2023年6月，上海市委书记陈吉宁在第十四届陆家嘴论坛开幕式致辞中提出，努力把上海国际金融中心建设成为金融与科技融合创新的引领者、服务绿色低碳转型的示范样板、金融风险管理与压力测试的试验区，在一定程度上表明了新时代新征程上的上海国际金融中心建设应具有的新作为。

　　围绕上海国际金融中心如何建设成为金融与科技融合创新的引领

者、服务绿色低碳转型的示范样板、金融风险管理与压力测试的试验区，本书进行了系统研究，意图发挥两个方面的功能：

一是发挥"资政"的功能。以问题为导向，聚焦新时代新征程上的上海国际金融中心建设新作为进行研究，在借鉴国际经验的基础上提出有价值的政策建议，加快推进上海国际金融中心建设。

二是发挥"启民"的功能。通过阐述金融强国建设和发展新质生产力等对上海国际金融中心建设的新要求，帮助读者更好理解新时代新征程上的上海国际金融中心建设应有的新作为。

第一章
新征程上海国际金融中心建设
新作为

　　强大的国际金融中心是金融强国的核心要素，把上海建设成为国际一流国际金融中心是我国金融强国建设的重要组成部分。1992年，邓小平发表南方谈话："中国在金融方面取得国际地位，首先要靠上海。"这标志着上海正式开启了国际金融中心建设的伟大征程。1992年以来，以重要规划文件、重大战略落地为脉络节点，大体可将上海国际金融中心建设历程分为三个阶段：基于城市功能提出战略定位（1992—2008年）、上升为国家战略助推发展提速（2009—2020年）、新时代新征程立足更好服务国家发展需要迈向更高能级（2021年至今）。

　　新时代新征程上海国际金融中心建设面临新的机遇和挑战，在已取得的历史成就的基础上，上海要立足更好服务国家战略，在金融强国建设中勇于承担新的历史使命，努力把上海国际金融中心建设成为金融与科技融合创新的引领者、服务绿色低碳转型的示范样板、金融风险管理与压力测试的试验区。

第一节 国家战略指引下上海国际金融中心建设的成就

2009 年，国务院通过《关于推进上海加快发展现代服务业和先进制造业建设国际金融中心和国际航运中心的意见》，从国家层面第一次对上海国际金融中心建设的总体目标、主要任务和措施等进行了全面部署，提出到 2020 年，要把上海"基本建成与我国经济实力以及人民币国际地位相适应的国际金融中心"，这表明上海国际金融中心建设已上升为国家战略。从此，上海国际金融中心建设进入了快车道。

一、主要成就

2009 年以来，在国家战略的指引下，上海国际金融中心建设取得了很大成就，推动了上海经济转型升级，推进了人民币国际化，金融功能不断增强，金融发展环境持续优化。

（一）推动了上海经济转型升级

上海国际金融中心建设上升为国家战略的主要初衷是要推动上海经济的转型升级，而十多年上海国际金融中心建设的实践也确实实现了这个目标。

一是第三产业比重持续提高。2009 年以来，上海市第三产业比重持续提高（图 1-1）。2009 年，上海市 GDP 为 14900.93 亿元。其中：第一产业增加值 113.82 亿元；第二产业增加值 5939.96 亿元；第三产业增加值 8847.15 亿元，第三产业增加值占全市生产总值的比重为 59.4%。2023 年，上海市 GDP 为 47218.66 亿元，其中：第一产业增加值 96.09 亿元；第二产业增加值 11612.97 亿元；第三产业增加值 35509.60 亿元，第三产业增加值占全市生产总值的比重为 75.2%。[1] 服务业已成为上海经济增量的主导引擎，对经济的拉动作用明显。

二是服务业结构不断优化。2009 年以来，借助"两个中心"建设的国家战略，上海服务业结构不断优化，生产性服务业发展较为迅速，5G、云计算、大数据等新一代信息技术促进服务业创新发展，数字技术与金融、商贸、教育、医疗、交通运输等服务业深度融合。2023 年 1—11 月份，上海软件业务收入达到 10183.7 亿元，增长 18.5%，收入规模位列全国第五，增速在排名前五的省市中最快，较全国高 4.6 个百分点。领军企业方面，拼多多、携程、哔哩哔哩、米哈游等 17 家互联网企业入选 2023 年中国互联网百强企业。[2]

三是金融业对上海经济的拉动作用不断增强。上海市金融业增加值从 2009 年的 1817.85 亿元上升至 2023 年的 8646.86 亿元，金融业增加值占 GDP 的比重从 2009 年的 12.2% 增长至 2023 年的 18.3%，[3] 从 2012 年到 2021 年的数据来看，上海金融业占 GDP 比重，

---

[1][3]《2023 年上海市国民经济和社会发展统计公报》，上海市统计局网，2024 年 3 月 21 日。

[2]《2023 年度上海软件和信息服务业发展十件大事》，上海市经济和信息化委员会网，2024 年 1 月 5 日。

不仅明显高于全国平均水平，而且差距不断扩大（图 1-1）。

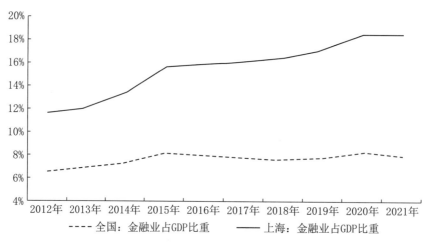

图 1-1　上海市金融业占 GDP 比重与全国对比（现价）

数据来源：长城证券研究院。

（二）推进了人民币国际化

　　我国的人民币国际化是从 2009 年明显加速的。经过十多年的努力，人民币国际化已取得了很大进展。2023 年 1—9 月，我国银行代客人民币跨境收付金额为 39 万亿元，同比增长 23%。2023 年 9 月，人民币在全球贸易融资中的占比为 5.8%，排名升至第二位。2023 年 9 月，人民币在全球支付中占比升至 3.71%，排名保持第五位。截至 2022 年年底，全球央行持有的人民币储备规模为 2984 亿美元，占比 2.69%，在主要储备货币中排名第五位。目前，中国已在 29 个国家和地区授权 31 家人民币清算行，覆盖全球主要国际金融中心。[1] 2022 年 5 月，国际货币基金组织对特别提款权篮子货币进行

---

[1]《2023 年人民币国际化报告》，中国人民银行网，2023 年 10 月 27 日。

了五年一次的审查，这是 2016 年人民币成为特别提款权篮子货币以来的首次调整。调整后的结果是维持现有篮子货币构成不变，即仍由美元、欧元、人民币、日元和英镑构成，但提高了美元和人民币的权重，人民币权重由 10.92% 上调至 12.28%。

在人民币国际化进程中，上海国际金融中心发挥了重要作用。2023 年，上海跨境人民币收付金额合计 23 万亿元，同比增长 17%，收付金额保持全国第一；上海的人民币跨境收支占我国全部跨境收支的比重从 2023 年初的 55.4% 上升到 61.6%。2023 年我国人民币跨境结算量中，70% 以上是与上海各大金融市场对外开放吸引境外投资者投资人民币资产有关，[1] 这充分说明人民币国际化与上海国际金融中心建设形成了强联动效应。

（三）金融功能不断增强

2009 年以来，金融资源不断向上海集聚，上海金融市场体系、金融机构体系、金融人力资源体系不断完善，金融中心核心功能不断增强。作为全球要素市场最集聚的金融中心城市，上海不仅集中了股票、期货、债券、外汇、银行间同业拆借、黄金市场等国际通行的金融要素市场，还创新性地设立了票据市场、保险交易市场、碳市场、跨境清算等新兴金融基础设施和要素市场（表 1-1）。2023 年，上海金融市场累计成交额达 3373.6 万亿元。从 2012 年以来，金融市场规模增长了 5 倍多，推出了原油期货等一系列重要金融产品工具，"上

---

[1]《人民银行上海总部召开 2024 年第一季度新闻发布会》，上海市支付清算协会网，2024 年 2 月 1 日。

海金""上海油""上海铜"等价格影响力日益扩大。2023 年，上海持牌金融机构新增 47 家，总数达到 1771 家，其中：外资金融机构占比近三分之一；持牌资管机构近 200 家，资管规模占全国比重近 30%。截至 2023 年年底，上海金融从业人员达 50 万人，国际化、专业型高层次金融人才数量持续增长。[1]

表 1-1　上海金融要素市场体系

主要金融市场	成立时间	机构性质	市场地位
上海证券交易所	1990 年	资本市场	全国最大的证券交易所
中国外汇交易中心	1994 年	外汇市场	全国外汇交易中心总部
银行间同业拆借中心	1996 年	货币市场	全国货币市场交易中心总部
人民币债券交易中心	1997 年	货币市场	全国债券交易中心总部
上海期货交易所	1999 年	商品期货市场	全国最大的商品期货交易所
上海黄金交易所	2002 年	现货市场	中国唯一的黄金交易所
票据市场服务中心	2003 年	货币市场	中国主要的票据报价系统
中国金融期货交易所	2006 年	金融衍生品市场	中国唯一的金融期货市场
上海清算所	2009 年	外汇、货币市场	中国公司信用债券登记托管结算中心
上海股权托管交易中心	2012 年	资本市场	区域股权交易市场
上海国际能源交易中心	2013 年	商品期货市场	国内首次推出国际原油期货
上海保险交易所	2016 年	保险市场	中国首家保险交易所
上海票据交易所	2016 年	货币市场	中国首家票据交易所
上海国际再保险中心	2023 年	保险市场	中国首家再保险交易所

资料来源：根据相关资料整理而得。

（四）金融发展环境持续优化

2009 年以来，上海围绕市场主体需求，打造市场化、法治化、

---

[1]《上海国际金融中心建设全面提升能级，各类持牌金融机构达 1771 家》，上海市地方金融管理局网，2024 年 5 月 24 日。

国际化的一流金融营商环境，金融发展生态不断优化，金融服务水平持续提高。

一是持续扩大金融高水平改革开放，为中外资金融机构集聚发展营造良好营商环境。上海自贸试验区自2013年成立以来，加强上海自贸试验区金融改革与上海国际金融中心建设的联动，创设自由贸易账户，推出跨境双向人民币资金池，开展跨境贸易投资高水平开放外汇管理改革试点。"沪港通""债券通""沪伦通"陆续推出，金融市场互联互通取得重要进展。支付清算体系不断完善，人民币跨境支付系统（CIPS）业务基本覆盖全球主要经济体。启动国际再保险业务平台建设。陆家嘴金融城在全国率先实施"业界共治＋法定机构"公共治理架构，沿黄浦江金融集聚带承载力不断提升。陆家嘴论坛已成功举办十五届，成为金融领域国际知名高端对话平台。开展上海金融创新奖评选，涌现出一大批创新性强、示范性好的优秀成果。

二是持续形成与国际接轨的金融规则制度，为更好参与国际合作竞争营造良好营商环境。在全国率先设立金融法院、金融仲裁院。上海市人大颁布《上海市地方金融监督管理条例》《上海市浦东新区绿色金融发展若干规定》。不断健全信用与消费者保护体系建设。中国人民银行征信中心在沪成立，中证中小投资者服务中心、中证资本市场法律服务中心、上海市金融消费纠纷调解中心、上海银行业保险业纠纷调解中心也相继成立。

二、主要经验

2009年以来，在上海国际金融中心建设上升为国家战略后，上海抓住国家战略赋予的机遇，紧紧服务国家战略，实现了上海国际金融中心的跨越式发展，其经验对新时代新征程推进上海国际金融中心建设有很强的借鉴意义。

（一）坚持金融服务实体经济的宗旨

将上海国际金融中心建设上升为国家战略是我国面对 2008 年国际金融危机的冲击后所作出的战略部署，而 2008 年国际金融危机给我们最大的警示就是金融要服务实体经济，因此 2009 年以来，我国一方面在加快上海国际金融中心建设的步伐；另一方面，始终将服务实体经济作为上海国际金融中心建设的根本宗旨，从而实现了上海国际金融中心建设与我国实体经济发展相互促进的良好局面。

1. 上海国际金融中心依托我国强大的实体经济基础获得了快速发展

其中，长三角发达的区域经济是上海国际金融中心建设最重要的经济腹地。统计资料显示，2008 年，长三角两省一市（江苏、浙江、上海）的 GDP 总量为 5.6374 万亿元，而到 2023 年，上海 GDP 达 4.72 万亿元，江苏 GDP 达 12.82 万亿元，浙江 GDP 达 8.26 万亿元，安徽 GDP 达 4.71 万亿元，区域经济总量已突破 30 万亿元大关。[1] 依托长三角经济腹地和全国实体经济的稳步发展，上海国际金融中心在国际上的影响力和竞争力也在稳步上升。在 2007 年发布的"全球金融中心指数（GFCI）"中，上海首度入选，排在第 24 名。经过

---

[1] 《2023 年上海市国民经济和社会发展统计公报》《2023 年江苏省国民经济和社会发展统计公报》《2023 年浙江省国民经济和社会发展统计公报》《2023 年安徽省国民经济和社会发展统计公报》，上海市、江苏省、浙江省、安徽省政府网。

十多年的努力，上海在国际金融中心中的排名不断提升。2020年9月，在发布的第28期全球金融中心指数（GFCI 28）中，上海首次名列三甲。2024年3月，在发布的第35期全球金融中心指数（GFCI 35）中，上海排在第6名。[1]而在新华社发布的《新华·国际金融中心发展指数报告（2023）》中，上海则排在第3名，仅次于纽约、伦敦。[2]

2. 上海国际金融中心服务实体经济的能级在不断提升

在新华·国际金融中心发展指数"产业支撑"子指数中，2023年排名前10位的城市分别为：纽约、伦敦、上海、东京、香港、巴黎、北京、芝加哥、深圳和新加坡。[3]其中，上海、新加坡、香港在产业关联方面表现突出，上海金融业深度融入全球产业链、供应链，初步形成了产业优势带动金融发展、金融业支撑实体产业的"良性循环"。以上海期货交易所为例，2009年，上海期货交易所上市品种仅有铜、铝、锌、天然橡胶、燃料油、黄金、螺纹钢和线材8个期货品种；而到2023年11月底，上海期货交易所已上市原油、航运指数等23个期货品种和铜等9个期权品种，涵盖金属、能源、化工、服务等领域。其中，原油等6个期货期权品种直接对境外交易者开放，16个品种引入了合格境外机构投资者，吸引全球30个国家和地区的交易者和企业广泛参与。[4]不仅如此，上海期货交易所的这些交易品种在服务实体经济中还发挥了积极作用。如2017年至2022

［1］《第35期全球金融中心指数》，综合开发研究院网，2024年3月21日。

［2］［3］《"纽伦沪"稳居前三 2023新华·国际金融中心发展指数发布》，新华财经网，2023年12月29日。

［4］《上海期货交易所是如何诞生的？》，上海基层党建网，2023年12月1日。

年，上海期货交易所连续六年开展天然橡胶"保险＋期货"试点，累计投入专项资金近 5.8 亿元，让云南和海南 31 个市县、近 64 万户次胶农受益，胶农累计获得赔付金额约 4.4 亿元，保护了胶农种胶、割胶积极性。[1]

（二）充分发挥上海自贸试验区建设等其他国家战略的叠加效应

戈德史密斯（1992）认为，国际金融中心建设的发展模式可以有两种选择：一种是自然发展型，即顺应经济增长的自动反应，如伦敦和香港；另一种是政府引导型，即在政府有意识的扶植下发展起来的，例如新加坡和东京。[2] 对于上海国际金融中心建设的模式选择，国家将其上升为国家战略对加快上海国际金融中心建设发挥了重要作用，而且在 2009 年之后上海推进国际金融中心建设中，还叠加了上海自贸试验区及临港新片区建设、全球科创中心建设等其他国家战略的优势，加快了上海国际金融中心建设的步伐。

以自贸试验区建设这一国家战略为例，自 2013 年 9 月挂牌运行以来，上海自贸试验区通过金融开放创新举措为上海国际金融中心的建设注入了强劲动力，使其在全球金融中心中的地位和影响力不断提升：

1. 上海自贸试验区金融制度创新为上海国际金融中心建设提供制度供给

上海自贸试验区金融开放创新以国家金融改革总体战略为引领，

---

[1] 董依菲：《持续为国内橡胶产业发展保驾护航》，《期货日报》2023 年 12 月 11 日。
[2] 肖本华：《政府引导下的国际金融中心建设：亚洲金融危机后的新加坡经验及其对上海的启示》，《华东经济管理》2011 年第 1 期。

充分利用试验田作用，探索先行先试金融制度改革，为上海建设国际金融中心提供可持续的制度供给，同时形成开放兼容的金融政策环境。具体而言，上海自贸试验区以及临港新片区在总体方案中明确推动金融开放创新发展，先行试点更加开放的金融政策和创新措施，包括探索开放创新的政策制度和风险压力测试，全面实施外商投资国民待遇，在银行、保险、证券、资产管理等领域引入更多高水平国际竞争者，与国际高标准规则对接，推动金融业的高水平开放进程。为实现资金自由流动的目标，上海自贸试验区进一步实施更有利于资金便利收付的跨境金融管理制度体系，同时，试点跨境金融和离岸金融等领域的政策和业务创新。这些先行先试的制度创新为上海国际金融中心的建设奠定了良好的金融制度基础。

2. 上海自贸试验区金融开放创新助推人民币国际化

上海自贸试验区强调加快金融业的快速集聚发展，其中包括加快国际金融资产交易平台建设，设立国家级大型场内贵金属储备仓库、跨境人民币贸易融资转让服务平台以及上海航运金融服务一体化科技平台等高水平金融平台，推动人民币国际化进程和跨境人民币使用（图 1-2）。上海自贸试验区通过开放和便利的金融制度创新为人民币国际化提供了有利条件，成为推动人民币国际化的加速器，稳步提升人民币在国际舞台上的地位。同时，在人民币可自由使用和资本项目可兑换方面，上海自贸试验区取得了重要进展，进一步巩固了人民币国际化的基础。因此上海自贸试验区通过推动金融业快速集聚发展，加快建设高水平金融平台和金融制度创新，为人民币国际化提供了有力支持，同时稳步推进了上海国际金融中心的建设。

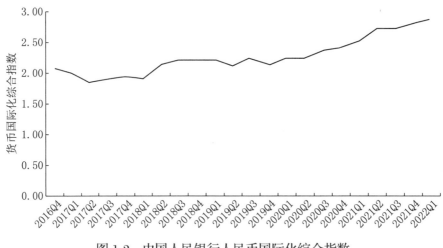

图 1-2　中国人民银行人民币国际化综合指数

数据来源：中国人民银行《2022 年人民币国际化报告》。

第二节　新征程上海国际金融中心建设的机遇和挑战

2023 年 11 月 28 日，习近平总书记在考察上海期货交易所时强调："上海建设国际金融中心目标正确、步伐稳健、前景光明。"新时代新征程，上海国际金融中心建设拥有诸多机遇，但也面临许多挑战。

一、主要机遇

新征程上，我国经济的高质量发展、人民币国际化步伐的加快以及金融数字化转型都为上海国际金融中心建设提供了良好的机遇。

（一）我国经济高质量发展为上海国际金融中心建设奠定稳固基础

　　国际金融中心是综合实力的象征，其发展壮大离不开所在国家和地区经济的发展。新时代新征程，中国经济发展前景仍然十分光明，不仅经济总量将保持稳步增长，而且经济结构进一步优化。从经济总量上看，国际货币基金组织预测，2024—2028年，中国经济增速将持续高于全球增速，显著高于发达经济体增速，在新兴经济体和发展中国家中持续位居前列。世贸组织、联合国贸发会议、经合组织、瑞银、高盛集团等机构及学者也认为，中国经济韧性潜力大，有望持续回升向好，并保持强劲的中长期向好动能。从经济结构上看，瑞银、穆迪、《纽约时报》等多家机构和媒体称，中国正从投资驱动型增长转向内需拉动型的高质量增长，主要驱动力从房地产、出口贸易、传统制造业等逐步升级为大众消费、绿色转型和科技创新。[1]

　　长三角一体化国家战略的实施更是为新时代新征程上海国际金融中心建设提供了强大的发展腹地。近年来，长三角一体化制度创新成果不断涌现，其作为全国"经济压舱石、发展动力源、改革试验田"的作用愈加凸显。数据显示，2023年，长三角区域新能源汽车、锂电池、光伏等"新三样"产品出口额达5419.2亿元，占全国的51.2%，增长19.7%，实现了两位数的高速增长。2023年，长三角经济总量已与德国、日本相当，人均GDP高达1.83万美元[2]，世界级城市群地位进一步提升，国际竞争力、影响力显著增强。展望未来，

---

[1]《中国经济未来可期》，《中国日报》2024年1月14日。

[2]　张学良：《长三角一体化为高质量发展提供实践样本》，《光明日报》2024年2月23日。

长三角一体化发展体制机制将更加完善，长三角经济的"一体化"和"高质量"发展，将为上海国际金融中心建设提供有力支撑。

（二）人民币国际化步伐加快为上海国际金融中心建设提供强大动力

新时代新征程，无论是从上海国际金融中心建设，还是从整体上我国建设金融强国的目标来看，都会加快推进人民币国际化；而国际上的"去美元化"发展则为人民币国际化提供了历史机遇。

从国内来看，金融强国建设需要加快人民币国际化进程。2024年1月，习近平总书记在省部级主要领导干部推动金融高质量发展专题研讨班开班式上强调，金融强国应当基于强大的经济基础，具有领先世界的经济实力、科技实力和综合国力，同时具备一系列关键核心金融要素，其中，强大的货币位于各金融要素之首。构建强大的货币体系，是我国从金融大国迈向金融强国、实现金融高质量发展的重要内容，稳慎扎实推进人民币国际化，是构建强大货币体系不可或缺的一环。新时代新征程，在金融强国目标指引下，我国将加快推进人民币国际化，逐步提高人民币结算便利性，加强离岸人民币市场建设，持续完善推广数字人民币的跨境使用，这些都将为上海国际金融中心建设提供新的机遇。

从国际上看，"去美元化"趋势为人民币国际化提供了历史机遇。近年来，受美元风险因素影响及世界各国自身发展需求推动，全球"去美元化"呼声高涨，呈现出三个方面的特征：一是覆盖面广，全球范围内越来越多的国家参与其中。据不完全统计，迄今已有近百个国家以各种方式加入了"去美元化"进程，其中，既有俄罗斯、伊朗，也有美国的传统盟友如英国、法国、德国，更有巴西、印度及东盟成员国；二是形式多样，"去美元化"主要围绕国际贸易结算货币、投资货币和储备货币三个方面展开；三是程度加深，"去美元化"呈现加速态势，进入历史性的阶段高潮。以外国投资者持有美国国债的占比为例，自 2008 年国际金融危机期间达到约 43% 的峰值后持续回落，至 2023 年 3 月末，这一数值降至 23.6%。[1] 2024 年 1 月 22 日，美国智库大西洋理事会官网发表的《"去美元化"不仅基于地缘政治经济基本盘同样重要》评论文章认为，以美国为首的七国集团（G7）大搞经济制裁引发了各国对过度依赖美元的担忧，加速了全球范围内的"去美元化"，刺激了对美元替代品的需求；同时，美联储为对抗通胀而采取的加息行动导致美元借贷成本飙升、美元流动性紧缩，企业纷纷采用人民币来满足自身贸易融资需求，也更愿意参与中国开发的国际融资平台。文章最后还预测，未来经济发展趋势可能会推动更多新兴市场国家的企业转向人民币结算，进而推动人民币国际化。[2]

（三）金融数字化转型为上海国际金融中心实现"弯道超车"提供了可能

近年来，随着大数据、云计算、物联网、区块链等前沿信息技术的快速发展，数字技术和数字经济日益成为新一轮国际竞争的重点领域。数字经济是继农业经济、工业经济之后，人类社会所经历的第三种重要社会经济形态。当前广泛认可的数字经济定义源自 2016 年 9 月二十国集团（G20）领导人杭州峰会通过的《二十国集团数字经

［1］漆彤：《"去美元化"趋势研判及人民币国际化对策建议》，《人民论坛》2023 年第 9 期。
［2］美智库：《全球去美元化，美联储竟成"神助攻"》，中国经济网，2024 年 1 月 26 日。

济发展与合作倡议》，即数字经济是指以使用数字化的知识和信息作为关键生产要素、以现代信息网络作为重要载体、以信息通信技术的有效使用作为效率提升和经济结构优化的重要推动力的一系列经济活动。[1]由于数字经济并不是对原有经济体系的补充和融合，而是对传统经济的变革和重构，因此金融的数字化转型应被视为金融业的革命，金融的数字化转型将带来全球金融网络的新发展，并推动国际金融中心体系重构，这就为上海国际金融中心建设实现"弯道超车"提供了可能。

上海在金融数字化转型方面具有良好基础，新时代新征程上海还将加快金融科技中心建设。2023年12月9日，在第五届上海金融科技国际论坛上发布的全球金融科技中心发展指数显示，上海排名全国第一、全球第三。具体来看，在金融科技发展水平分指数中，上海排名全国第一、全球第三，在金融科技的应用和资源配置能力两个方面表现较为出色；在金融科技发展潜力分指数中，上海研发投入及创新成果、信息科技产业规模两个方面表现较为突出。[2]未来，上海还将以更大力度推动具有全球重要影响力的金融科技中心建设，加快培育和集聚一批优质金融科技创新企业、科研平台和重点项目；依托金融科技重大试点、在沪开展的契机，加速金融领域数字化转型升级，打造金融科技应用示范城市；还将继续深化制度供给、创新监管方式、培育宽容的生态，努力为各类金融科技企业在沪发展创造良好的生态环境；继续加大人才培养和引进力度，加快构建全生命周期的人

---

［1］　梅宏：《大数据与数字经济》，光明网，2022年1月16日。
［2］《又一个全国第一，上海金融科技中心建设正在跑出"加速度"》，上观新闻，2023年12月9日。

才培育认证体系，努力把上海打造成为金融科技人才向往之城和交流交汇的首选之地。

二、主要挑战

新征程上，上海国际金融中心建设还将面临"逆全球化"下的全球经济增长乏力、各国际大都市在国际金融中心建设上竞争加剧以及我国统筹金融开放和安全压力仍然较大等诸多挑战。

（一）"逆全球化"下的全球经济增长乏力

经济全球化是世界经济演进和人类文明发展的动力，但2008年全球金融危机、2010年欧债危机、2020年新冠疫情全球大流行，以及2022年俄乌冲突，使得"逆全球化"重新抬头，各国已从单纯追求以低成本为标志的效率转向追求经济和地缘政治方面的目标。当前，"逆全球化"对我国的影响突出表现为三个方面：一是美国带头对中国进行遏制，从贸易摩擦到科技竞争，美国在科技领域对中国企业施加了诸多限制；二是全球产业链调整，受新冠疫情和俄乌冲突等地缘政治事件的影响，各国更关注产业链的稳定和安全，给全球供给和我国外贸发展带来新的约束；三是俄乌冲突后，各国政府有意增加军费开支，政府配置资源的角色加重，我国发展所享受的和平红利下降。世界银行首席经济学家英德米特·吉尔（Indermit Gill）在2023年3月表示，对于"逆全球化"，如不进行重大调整，2020年代将成为错失机会的十年。2024年1月9日，世界银行发布的《全球经济展望》报告也预言，全球经济面临30

年来最疲弱的 5 年。[1]

（二）各国际大都市在国际金融中心建设上的竞争加剧

一方面，纽约、伦敦、新加坡等传统国际金融中心的优势在扩大。在 2022 年 9 月 22 日中国（深圳）综合开发研究院与英国智库 Z/Yen 集团联合发布的"第 32 期全球金融中心指数报告（GFCI 32）"中，顶级金融中心排名稳定，而上海排名从 GFCI 31 的第 4 位下降为 GFCI 32 的第 6 位（表 1-2）。而在 2023 年 9 月 28 日发布的"第 34 期全球金融中心指数报告（GFCI 34）"中，上海排名第 7 位，与新加坡的差距在拉大（表 1-3），其中一个重要原因是近年来新加坡一直积极推动金融科技领域发展，从市场、资本、人才和技术等方面全方位打造金融科技生态系统，提出了一系列高效持续的金融科技战略和政策体系，如金融领域科技和创新计划、监管沙盒、互联贸易平台、金融科技节等。

表 1-2　GFCI 32 综合竞争力排名和得分

金融中心	GFCI 32		GFCI 31		较上期变化	
	排名	得分	排名	得分	排名	得分
纽约	1	760	1	759	0	▲ 1
伦敦	2	731	2	726	0	▲ 5
新加坡	3	726	6	712	▲ 3	▲ 14
香港	4	725	3	715	▼ 1	▲ 10
旧金山	5	724	7	711	▲ 2	▲ 13
上海	6	723	4	714	▼ 2	▲ 9

[1] 张广婷：《经济逆全球化：现象、困境与对策》，《金融市场研究》2023 年第 9 期。

（续表）

金融中心	GFCI 32		GFCI 31		较上期变化	
	排名	得分	排名	得分	排名	得分
洛杉矶	7	722	5	713	▼ 2	▲ 9
北京	8	721	8	710	0	▲ 11
深圳	9	720	10	707	▲ 1	▲ 13
巴黎	10	719	11	706	▲ 1	▲ 13
首尔	11	718	12	705	▲ 1	▲ 13
芝加哥	12	717	13	704	▲ 1	▲ 13
悉尼	13	716	23	682	▲ 10	▲ 34
波士顿	14	715	14	703	0	▲ 12
华盛顿	15	714	15	702	0	▲ 12
东京	16	713	9	708	▼ 7	▲ 5
迪拜	17	712	17	691	0	▲ 21
法兰克福	18	711	16	694	▼ 2	▲ 17
阿姆斯特丹	19	710	19	687	0	▲ 23
日内瓦	20	709	25	678	▲ 5	▲ 31

数据来源：中国（深圳）综合开发研究院与英国智库 Z/Yen 集团，第 32 期全球金融中心指数报告。

表 1-3　GFCI 34 全球十大金融中心

金融中心	GFCI 34		GFCI 33		较上期变化	
	排名	得分	排名	得分	排名	得分
纽约	1	763	1	760	0	▲ 3
伦敦	2	744	2	731	0	▲ 13
新加坡	3	742	3	723	0	▲ 19
香港	4	741	4	722	0	▲ 19
旧金山	5	735	5	721	0	▲ 14
洛杉矶	6	734	6	719	0	▲ 15
上海	7	733	7	717	0	▲ 16

（续表）

金融中心	GFCI 34		GFCI 33		较上期变化	
	排名	得分	排名	得分	排名	得分
华盛顿	8	732	11	713	▲ 3	▲ 19
芝加哥	9	731	8	716	▼ 1	▲ 15
日内瓦	10	730	23	701	▲ 13	▲ 29

数据来源：中国（深圳）综合开发研究院与英国智库 Z/Yen 集团，第 34 期全球金融中心指数报告。

另一方面，旧金山、洛杉矶等城市也纷纷加大国际金融中心建设力度。在 GFCI 33 和 GFCI 34 中，旧金山都排名第 5 位，洛杉矶排名紧随其后，排名第 6 位，已经超过上海，说明这些城市都在加快推进国际金融中心建设。而旧金山和洛杉矶之所以能在排名上超过上海，一个比较重要的原因也是这两个城市在金融科技上的强劲发展。在 GFCI 34 中，还根据金融科技产出对 114 个金融中心的金融科技发展水平进行评估，排名前二十的金融中心城市中，中美两国各占七席。其中，纽约、旧金山排名全球第 1 位、第 3 位，洛杉矶、华盛顿、芝加哥进入全球金融科技排名前十。深圳继续排名全球第 4 位，仅次于纽约、伦敦和旧金山，而上海在全球仅排名第 8 位（表 1-4）。

表 1-4　金融科技排名前十的金融中心

金融中心	GFCI 34		GFCI 33		较上期变化	
	排名	得分	排名	得分	排名	得分
纽约	1	738	1	728	0	▲ 10
伦敦	2	724	3	696	▲ 1	▲ 28
旧金山	3	723	2	701	▼ 1	▲ 22
深圳	4	722	4	695	0	▲ 27
新加坡	5	721	9	690	▲ 4	▲ 31

（续表）

金融中心	GFCI 34		GFCI 33		较上期变化	
	排名	得分	排名	得分	排名	得分
洛杉矶	6	712	5	694	▼ 1	▲ 18
华盛顿	7	711	10	687	▲ 3	▲ 24
上海	8	710	8	691	0	▲ 19
北京	9	708	11	686	▲ 2	▲ 22
芝加哥	10	702	7	692	▼ 3	▲ 10

数据来源：中国（深圳）综合开发研究院与英国智库 Z/Yen 集团，第 34 期全球金融中心指数报告。

（三）我国统筹金融开放和安全的压力仍然较大

习近平总书记在 2024 年 1 月 16 日召开的省部级主要领导干部推动金融高质量发展专题研讨班上再次强调，"要着力防范化解金融风险特别是系统性风险"。当前及今后一段时间内，我国地方债务风险、中小金融机构风险防控压力仍然较大。同时，随着我国实体产业和金融市场的不断发展，纵向产业链更加完整，横向产业链门类更加齐全，各金融部门不断发展，这种产业链条的延伸、拓宽和金融混业经营的趋势，使得彼此之间的联系愈发紧密，共同构成了实体行业间、金融市场间、实体行业与金融行业间紧密相连的复杂网络。这种复杂网络能够实现风险分担、相互依存、相互促进，但也可能会成为风险传染共振的渠道。在防范金融风险压力较大的情况下，强监管仍然是我国金融监管改革的主基调。

强监管背景下，上海国际金融中心金融对外开放的步伐必然受到影响。目前上海在金融市场开放方面，管道式、多渠道开放虽然能有效满足不同类型机构的投资需求和偏好，但由于各渠道相互隔离，政策不完全一致，一定程度上也带来了交易成本高、监管难度大等问题，增加了境外投资者理解和操作上的困难。截至 2023 年年底，我国债券市场托管余额 157.9 万亿元人民币，境外投资者持有的占比为 2.3%，[1] 这个水平不仅明显低于发达国家，也低于一些主要的新兴市场国家，相对于我国金融市场的体量和境外投资者的需求，还有很大上升余地。因此，一方面，扩大金融对外开放是中央赋予上海对接国际高标准经贸规则、先行先试的重要任务，将为上海提高金融业国际化水平提供有利条件；另一方面，在我国强金融监管的背景下，上海如何既要加快金融对外开放步伐，在资本项目可兑换上先行先试，又如何增强金融安全管控能力，牢牢守住不发生区域性系统性风险，仍然面临较大挑战。

第三节　新征程上海国际金融中心建设新作为

2024 年 7 月，党的二十届三中全会通过的《中共中央关于进一步全面深化改革　推进中国式现代化的决定》明确要求"加快建设上海国际金融中心"。随后，十二届上海市委五次全会通过的《中共上海市委关于贯彻落实党的二十届三中全会精神，进一步全面深化改革、在推进中国式现代化中充分发挥龙头带动和示范引领作用的决定》则提出了体系化推进国际金融中心建设。这些都要求新时代新征

---

[1]　连平：《外资投资中国债券市场面临新机遇》，中国首席经济学家论坛网站，2024 年 5 月 5 日。

程上海国际金融中心应加快建设步伐，应有新的更大作为。

对于新时代新征程如何建设上海国际金融中心，2023 年 6 月 8 日，在第十四届陆家嘴论坛开幕式上，上海市委书记陈吉宁在致辞中指出："围绕强化全球资源配置功能，加快构建更具国际竞争力的金融市场体系、机构体系、基础设施体系、产品体系，努力把上海国际金融中心建设成为金融与科技融合创新的引领者、服务绿色低碳转型的示范样板、金融风险管理与压力测试的试验区。"[1] 2024 年 6 月 19 日，在第十五届陆家嘴论坛开幕式上，陈吉宁书记指出："上海将持续深入贯彻落实习近平总书记对上海国际金融中心建设作出的重要指示精神，全面落实党中央决策部署，在国家金融管理部门指导和各方面大力支持下，发挥金融改革试验田作用，更好为国家试制度、探新路、补短板，扎实推动金融高质量发展，持续增强国际金融中心的竞争力和影响力，在推进中国式现代化中充分发挥龙头带动和示范引领作用。"[2] 在金融强国建设和发展新质生产力背景下，上海国际金融中心建设应具有新作为，在金融与科技融合创新、金融支持绿色低碳转型发展、金融风险管理与压力测试等方面发挥示范引领作用。

一、金融与科技融合创新的引领者

金融强国是推动我们从科技大国到科技强国、制造大国到制造强国全面转变的重要工具，而发展新质生产力更是要求上海成为金融与

---

[1]《事关上海国际金融中心建设！陈吉宁、龚正重磅发声》，《中国证券报》2023 年 6 月 8 日。
[2]《2024 陆家嘴论坛在沪开幕，陈吉宁王江潘功胜李云泽吴清龚正出席》，《解放日报》2024 年 6 月 20 日。

科技融合创新的引领者。

一方面，发展新质生产力需要上海在金融支持科技创新上成为引领者。科技创新是发展新质生产力的核心要素，与一些西方发达国家相比，我国不仅在发展新质生产力方面仍然存在一定差距。面对大国科技博弈加剧的新形势，我国基础研究孤立薄弱、原创性引领性成果急缺、关键核心技术"卡脖子"、科技创新成果向产业链转化效能不高、科技领军企业不够多不够强等问题依然突出。而且我国在支持科技创新的金融服务体系方面也有较大差距，我国以间接融资为主的金融体系与科技创新长周期、高投入、高风险的特征还不相匹配，金融服务科技创新和产业发展的能力还相对不足。作为国内科技资源和金融资源都很丰富的上海，进一步探索金融与科技的深度融合，在上海国际金融中心建设新征程上，应大力发展科技金融，在金融支持科技创新上成为引领者。

另一方面，发展新质生产力还需要上海在科技赋能金融上成为引领者。金融发展与数据、信息化紧密相关。数字经济时代，新质生产力是以数字化、网络化、智能化等新技术为支撑，以科技创新为核心驱动力，因此不仅金融要支持科技创新，而且反过来科技还应赋能金融，大力发展金融新质生产力。金融新质生产力发展的核心在于创新科技赋能金融的模式和效能，通过引入人工智能、区块链等先进技术，推动金融业务数字化、智能化、个性化，提高金融服务效率和质量。如作为金融新质生产力的代表之一，金融大模型虽然目前尚处于技术探索和试点应用的并行期，但已经开始应用在多个金融业务场景，未来，金融大模型的应用将逐渐成熟和飞速增长。上海在科技赋能金融方面已有一定基础，新时代新征程上，上海在发展金融新质生产力上还应加大力度，大力发展金融科技，成为科技赋能金融的引领者。

二、金融服务绿色低碳转型的示范样板

2023 年召开的中央金融工作会议明确将"绿色金融"作为建设金融强国的"五篇大文章"之一，而新质生产力本身就是绿色生产力，发展新质生产力就必须加快绿色低碳转型，因此，新时代新征程，上海国际金融中心也要成为金融服务绿色低碳转型的示范样板。

2024 年 1 月 31 日，中共中央政治局就扎实推进高质量发展进行第十一次集体学习，习近平总书记指出："绿色发展是高质量发展的底色，新质生产力本身就是绿色生产力。"绿色生产力是以新技术和新要素的优化组合提升绿色全要素生产率，可同时提高环境质量和经济绩效的优质生产力，与新质生产力在本质上是相同的。发展新质生产力，需要以绿色全要素生产率为导向，发挥绿色金融的支持作用。绿色金融不仅通过发挥市场定价、资源配置、风险管理的功能作用来引导社会资本更多地流向高附加值、高技术产业，而且鼓励新能源开发技术和节能技术的进步，进而提升能源使用效率并降低传统能源消耗，使整体环境质量随之改善，最终带来绿色全要素生产率的提升和经济的绿色增长。

上海应在金融支持绿色生产力发展上发挥示范作用。作为改革开放的排头兵、创新发展的先行者，上海在新征程中要立足自身的经济发展水平和技术创新能力，以科技创新为引领，以绿色转型发展为切入点，以能源产业发展为"核爆点"，以全产业绿色化转型为增长点，

以现代化产业体系建设、高水平的城市治理、协调的政策体系构建等综合举措，探索以绿色生产力助力上海加快发展新质生产力之路，这些都需要绿色金融的支持。相比伦敦、纽约等国际金融中心城市，上海虽然得益于上海发达的银行业，绿色间接融资绿色信贷发展领先，但绿色债券、基金、保险等直接融资的绿色金融产品种类及创新不足，同时碳市场流动性较差，国际化水平较低，此外，绿色标准及规范数量也存在较大差距。因此在国际金融中心建设中，上海还需大力发展绿色金融和转型金融，成为金融服务绿色低碳转型的示范样板。

三、金融风险管理与压力测试的试验区

建设金融强国是一个复杂的系统工程，不仅要以更高水平开放增强金融发展动力，推动金融领域制度型开放；而且要以稳妥有效风险防控守护金融安全，这就需要上海国际金融中心进一步发挥金融风险管理和压力测试的作用。

稳步扩大金融领域制度型开放，是我国扩大制度型开放的重要组成部分，也是我国深化金融供给侧结构性改革的重要组成部分，是实现我国金融业高质量发展、加快建设金融强国的内在要求。金融领域制度型开放的本质是通过规则、规制、管理、标准等制度层面的深度改革与开放，加快构建与国际通行规则相衔接的金融制度体系和监管模式，为金融服务实体经济、提高金融资源配置效率提供根本的制度保障。因此 2023 年召开的中央金融工作会议明确提出"要着力推进金融高水平开放"，强调"坚持'引进来'和'走出去'并重，稳步

扩大金融领域制度型开放，提升跨境投融资便利化，吸引更多外资金融机构和长期资本来华展业兴业"。

上海国际金融中心应在我国扩大金融领域制度型开放中发挥更大的金融风险管理与压力测试作用。上海自贸试验区是国内首个自贸试验区，在金融领域制度型开放上已有丰富经验，2024 年 1 月，中共中央办公厅、国务院办公厅印发的《浦东新区综合改革试点实施方案（2023—2027 年）》支持作为上海国际金融中心核心区的浦东新区推进更深层次改革、更高水平开放，提升全球资源配置功能，推进金融双向开放，探索资本项目可兑换的实施路径，做好本外币一体化资金池试点相关工作。因此，在国际金融中心建设中，上海要继续发挥上海自贸试验区、浦东综合配套改革等国家战略的叠加优势，成为金融风险管理与压力测试的试验区，为我国推进金融领域制度型开放探索有效路径。

第二章
上海在金融与科技融合创新中发挥引领作用

党的二十届三中全会提出，高质量发展是全面建设社会主义现代化国家的首要任务。发展新质生产力是推动高质量发展的内在要求和重要着力点，新质生产力强调创新的主导作用，因此党的二十届三中全会对科技创新十分重视，提出"必须深入实施科教兴国战略、人才强国战略、创新驱动发展战略"。

金融是科技创新的助推器。党的二十届三中全会明确指出，构建同科技创新相适应的科技金融体制，加强对国家重大科技任务和科技型中小企业的金融支持，完善长期资本投早、投小、投长期、投硬科技的支持政策。在高质量发展阶段，金融与科技融合创新的意义更为凸显。在国际金融中心建设中，上海在金融和科技融合创新上取得了一定成就。新征程上，上海应继续成为金融与科技融合创新的引领者。

第一节　金融与科技融合创新的时代意义

2021 年 12 月，中央政治局会议强调，"强化国家战略科技力量，强化企业创新主体地位，实现科技、产业、金融良性循环"。新发展格局下，加强金融与科技融合创新具有重要的时代意义。

一、我国加强金融与科技融合创新的重要意义

五次产业革命的历史经验都表明了金融与科技融合创新的重要性。对于我国，加强金融与科技融合创新是我国实现高质量发展的关键因素之一。

（一）金融支持科技产业创新的历史经验

科技、产业与金融都是市场经济中不可或缺的因素，三者之间既相互联系，又相互区别。产业是科技、金融两者的目标与基础，科技是产业和金融的工具，而金融则是科技与产业发展的动能。历史上的经验表明，每一次产业革命都离不开科技创新，而金融创新为科技创新与产业发展的互动提供了良好的条件（表 2-1）。

表 2-1　产业革命离不开科技创新和金融创新

产业革命	主要科技创新	科技领先国	金融创新
第一次产业革命	纺织技术	英国	股份制模式和现代银行制度
第二次产业革命	蒸汽机发明和铁路系统	英国、美国	资本市场

（续表）

产业革命	主要科技创新	科技领先国	金融创新
第三次产业革命	钢铁、电力等领域	美国	信托、保险等金融创新
第四次产业革命	汽车、石油等领域的大规模生产技术创新	美国	资本市场的国际化和规模化
第五次产业革命	信息和远程通信技术创新	美国	天使投资、创业投资、产业基金

资料来源：根据资料整理。

（二）我国加强金融与科技融合创新的重要意义

首先，金融与科技融合创新是高质量发展的关键因素之一。党的二十大和二十届三中全会不仅把高质量发展明确作为全面建设社会主义现代化国家的首要任务，而且对如何推动高质量发展作出战略部署，其中就包括坚定实施创新驱动发展战略，向创新要动力。金融与科技融合创新，以金融服务为纽带，推动科技创新及时实现产业化，提升我国产业链现代化水平，进而借助产业链在全球市场竞争地位的提升来反哺科技创新，从而增强我国经济内生动力，实现我国经济的高质量发展。

其次，金融与科技融合创新也是在新一轮大国竞争中我国提升国家竞争力的重要举措。百年未有之大变局下，大国之间经济体系之间的竞争更加激烈，如何在竞争中获取优势已成为我国迫切需要思考的问题。美国的实践表明，大国经济体系最大的优势就在于形成了科技、产业、金融的良性循环生态。美国资本市场积聚了全球50%以上的长期资金和风险资金，提供了美国近60%的科研资金来源，支撑了美国近 40 年持续大规模的科研投入。[1] 近年来，美国经济体系的竞争力之所以出现下降，其中重要原因在于科技、产业、金融的良性循环出现了问题，出现了较为严重的金融脱实向虚现象。中国和美国的国情不同，但美国正反两方面的经验表明，推动科技、产业、金融良性循环并实现金融与科技融合创新的正反两方面经验，还是值得我国借鉴的。

因此，在新发展格局和百年未有之大变局下，正如国务院发展研究中心金融研究所副所长陈道富所言："中国到了一个需要把产业、科技、金融转变为良性循环的关键时期，这种循环建立得好坏，关系到中国新时代发展的质量和效率。"[2]

二、金融与科技融合创新内涵的时代演变

金融与科技融合创新的内涵主要是科技金融。数字经济时代，科技赋能金融的步伐加快，因此其内涵还包括金融科技的发展。

（一）金融与科技融合创新的主要内涵

科技创新一般被认为是社会创新的最重要领域。而金融可以有效引导社会资源配置，通过精准匹配科技产业不同层次的需求，提供资金中介、交易渠道、价值发现等服务，最终实现金融支撑、促进科技

---

[1]　杨成长：《利用资本市场推进要素市场化配置机制改革》，新浪财经网，2022 年 6 月 16 日。

[2]　陈道富：《金融支持创新，产业、科技、金融要形成良性循环》，《经济观察报》2021 年 11 月 25 日。

创新的目标。而在传统以间接融资为主导的金融体系中，存在资金价格高、周期偏好短、风险偏好小、行业认知低等问题。所以，传统金融体系无法适配科技创新发展的全部需要，需要对原有金融体系进行革新以更好地培育创新要素、支撑创新主体、放大创新效益。在此背景下，学术界一般用科技金融这一表述来表示两者之间的协同创新关系。从广义上说，科技金融包括将科技资源与金融资本有效对接的一系列金融工具、金融政策和金融服务的创新性安排。从狭义上说，科技金融是指专门支持科技创新企业、科技创新活动领域的金融产品和服务。[1]

从功能论而言，科技金融为科技创新主体提供的价值包括资金的配置、服务平台的搭建和载体的构建。其中，资金的配置有助于使社会资源流向科技行业，推动科技的发展；服务平台的搭建是为了解决科技企业和金融机构之间信息不对称的问题，降低风险；载体的构建可以提高科技产业的聚集性，产生外部经济、创新效益和竞争效益。单从功能论的角度来看，科技与金融的协同关系并不简单，科技与金融存在诉求相悖的阶段。从科学理论到科学技术的阶段，不产生直接经济效益，风险高、周期长、对资金需求量大，难以满足金融机构的资本报酬与风险控制要求。从科学技术到科技产品的阶段，技术实现了商业化、市场化，金融机构通过创新金融工具为科技企业发展提供资金支持，科技企业通过科技产品创造价值，给予金融机构资本报酬。最终，从科技产品过渡到科技产业的阶段，科技金融的目标是实现科技产业与金融体系相互融合，推动区域经济发展，助力创新型国

---

[1] 王皖君：《打通科技金融供给侧堵点》，《经济日报》2024 年 7 月 31 日。

家建设。

（二）数字经济时代金融与科技融合创新内涵的演变

随着数字经济的发展，科技与金融的关系变得愈发复杂起来。理论上，金融作为现代经济的血液，其最好的角色是充当创新发展催化剂。一旦"创新反应"结束，金融应当适时退出。反过来，科技创新对于金融发展的最好意义在于如何为金融提供潜在的高风险、高回报的投资目标。

和网络经济时代随处可见的"互联网＋"不同，数字经济时代我们正在经历的是一个以大数据、云计算、区块链和人工智能为代表的各种各样的新技术不断涌现的发展阶段。这些新技术的共同特征就是数字化的两大要素：代码和数据。无论是大数据也好，云计算也好，区块链也好，人工智能也罢，它们的底层逻辑，其实都是数字化，而数字化的实现必然是基于代码和数据。

在数字经济发展的今天，我们也应该看到，金融进化的方向必然和数字化进程紧密相连。这就意味着金融和科技的融合创新必然会在代码和数据为基础的新一代基础设施领域找到一个契合点。以此为契机，双方融合创新的广度和深度都将大大提高，双方融合创新的主要表现形式既包括科技金融，也包括金融科技。

金融科技（Fintech，Financial Technology 的缩写），可以简单理解成为金融＋科技，指通过利用各类科技手段创新传统金融行业所提供的产品和服务，提升效率并有效降低运营成本。根据金融稳定理事会（FSB）的定义，金融科技是基于大数据、云计算、人工智能、区块链等一系列技术创新，全面应用于支付清算、借贷融资、财富管理、零售银行、保险、交易结算六大金融领域。[1]当前，全球金融科技的发展正在深刻改变着金融行业的格局和面貌，数字化、智能化、区块链技术的应用及人工智能风险管理等趋势为金融科技带来了广阔的发展前景。

第二节　金融与科技融合创新的上海实践

作为国内金融机构集聚的主要城市，上海在科技金融改革方面布局已久，具有天然的土壤和资源禀赋。从科创基因来看，上海是全国科技创新的领航者之一，2023年上海全社会研发经费支出相当于上海市生产总值的4.4%左右，其中基础研究经费支出占全社会研发经费支出的比重达10%左右。[2]上海创新产出能力也很出众：2023年上海PCT（专利合作条约）国际专利申请量为6185件，同比增长10.62%；[3]截至2024年1月底，上海已累计培育创新型中小企业超2万家、市级专精特新中小企业超1万家，国家专精特新"小巨人"企业近700家，专精特新中小企业平均营业收入1.5亿元。[4]从金融资源来看，上海是全球金融要素市场最齐备的城市之一。这些均为上海

［1］林健武等：《金融科技实务教程》，清华大学出版社2023年版，第51—52页。

［2］《2023年上海R&D经费投入强度4.4%，创新投入稳步增长》，上观新闻，2024年5月22日。

［3］《上海2023年PCT国际专利申请量同比增长10.62% 将建专利转化资源库》，中国新闻网，2024年4月25日。

［4］《至2023年底，上海已累计培育专精特新企业超1万家》，人民网-上海频道，2024年2月1日。

在金融与科技融合创新上奠定了良好基础，且在近年来取得了明显成效。

一、上海金融与科技融合创新的主要成就

近年来，上海在金融与科技融合创新上取得了很大成就，一方面，央地协同大力推动科技金融的发展；另一方面，金融科技的发展也走在国内的前沿。

（一）协同发展科技金融

上海既是科技创新密集区，又是金融改革"试验田"，还是长三角区域乃至长江经济带的龙头城市，具备科技金融协同发展的得天独厚的突出优势。2022 年 11 月底，中国人民银行等八部门联合印发《上海市、南京市、杭州市、合肥市、嘉兴市建设科创金融改革试验区总体方案》（以下简称《总体方案》），为上海推进科创金融改革指明方向。在定位目标上，《总体方案》明确提出，推动上海国际金融中心和具有全球影响力的科技创新中心核心功能再上新台阶。同时，该方案指出，在试验区特定城市探索形成的科创金融创新模式，在试验区其他城市优先推广复制。这也意味着在长三角协同发力、融合发展的背景下，上海将成为探索科创金融改革的"先行区"。

从上海金融业服务实体经济和推动科技创新的实际情况来看，在沪银行保险机构在支持当地高水平科技发展上的贡献度持续提升。从监管层面看，原上海银保监局在全国率先建立科技金融服务"六专机制"，即"专营的组织架构体系、专业的经营管理团队、专用的风险

管理制度和技术手段、专门的管理信息系统、专项的激励考核机制、专属的客户信贷"，积极支持科技金融创新。截至 2023 年年底，上海科技企业间接融资余额为 8502.83 亿元，同比增长 56.1%，较年初增加 3054.35 亿元，同比多增 1402.8 亿元；贷款余额在总融资中占比接近四成。[1] 上海科技信贷产品不断丰富。推出"沪科专贷""沪科专贴"再贷款、再贴现专项产品。高企贷、专精特新贷、人才贷、研发贷等科技专属信贷产品持续完善。多层次资本市场支持上海科创深入推进，截至 2023 年年末，科创板上市企业 566 家，其中上海 89 家，排名全国第二；首发募集资金、总市值排名全国第一。同时，上海不断创新发展科技保险，为科技创新保驾护航。2023 年，为科技型企业提供保单数量超过 40 万件，提供风险保障 3.1 万亿元；集成电路共保体、首台（套）重大技术装备保险、生物医药人体临床试验责任保险等试点持续推进。[2] 在下一阶段，上海还将积极开展科技金融服务专业能力提升工程、科技金融产品质效提升工程、科技产融结合提升工程及科技金融生态圈完善工程，通过鼓励设立科技金融专营部门、创设科技金融专属评价体系、完善科技金融专项考核机制、加强科技创新的保险保障支持力度、完善科技金融增信与风险分担机制等10 项举措，引导上海科创金融服务向更加专业化的高度迈进。

（二）金融科技发展势头良好

金融科技是技术驱动的金融创新，推动金融发展提质增效关键

---

［1］ 中国人民银行上海总部：《2023 年上海科技企业融资报告》，2024 年 2 月。
［2］ 《"高质量发展调研行"上海主题采访情况介绍会》，上观新闻，2024 年 5 月 22 日。

在科技。而在金融科技领域，上海一直走在先行先试的路上。早在2018年，中国银行业首家"无人银行"就诞生在上海。随着信息技术和人工智能（AI）发展，上海金融科技产业也不断取得创新成果。在上海市地方金融管理局、中国人民银行上海总部共同发布的2023年度上海金融科技优秀应用场景及解决方案入围名单中，190多个申报项目共有122项优秀成果入围，其中，优秀应用场景60项，优秀解决方案62项，入围项目主要聚焦数字基础设施建设、高水平对外开放、新一代人工智能、普惠民生三农及安全风控、反欺诈等领域。[1]

近年来，上海聚焦金融科技前沿技术领域培育发展了一批优质科技企业，支持科研机构和金融科技领军企业等推动技术创新和产品研发。科研力量方面，上海大力推动金融机构、科技企业、高校院所在沪设立金融科技研发中心、创新实验室等。如复旦大学、上海交通大学、上海财经大学、上海立信会计金融学院等均设立了与金融科技相关的研究院所，交通银行成立了金融科技创新研究院，中国信托登记公司联合行业内外机构在沪设立信托业金融科技创新联合实验室等。融合创新方面，上海金融科技产业联盟已吸引交通银行、太平洋保险、长江养老保险、上海银行、上海农商银行、国泰君安证券、东方证券等头部金融机构的科技创新部门及中国信通院、国家互联网应急中心等国家级功能支撑平台的相关实验室入驻，华控清交、零数科技、华院计算等诸多大数据科技企业也已进驻该联盟内设的"创新监管联合实验室"。"创新监管联合实验室"进一步联接金融与科技

---

［1］《第五届上海金融科技国际论坛在虹口区举办》，《新闻晨报》2023 年 12 月 12 日。

资源，为金融科技应用者、开发者、参与者提供了协同合作的创新平台。

在国家金融管理部门指导支持下，上海有序实施金融科技领域重大试点，推动上海金融科技研发应用水平走在全国前列。在数字人民币试点方面，截至 2023 年 11 月底，上海落地应用场景数超 140 万个，位居全国前列。[1] 上海还落地全国首单多边央行数字货币桥跨境场景、全国首单跨区域支付场景、全国首单就业补贴发放场景等多项创新特色场景。推出的"爱购上海"数字人民币满减红包活动、刷"随申码"乘公交领数字人民币红包活动等数字人民币推广活动，均取得良好效果。2024 年 7 月，上海亿通国际股份公司与交通银行上海市分行合作，分别为中国太平洋财产保险股份有限公司和三井住友海上火灾保险（中国）有限公司，通过中国（上海）国际贸易单一窗口成功办理了首笔航贸再保险费数字人民币跨境支付业务。

在资本市场金融科技创新试点方面，上海于 2022 年正式启动首批 26 项试点项目，居全国首位。在中国人民银行金融科技创新监管工具方面，上海于 2020 年 5 月启动试点，已正式对外公示 22 个项目，项目数量在全国试点城市中名列前茅。[2] 依托相关金融科技重大试点，上海还深入结合城市数字化转型工作要求，全面推进在沪金融要素市场、金融机构、金融科技企业加强金融科技应用，打造了一批行业性、标杆性的数字化转型应用场景，如上交所"上证链"、保交所"保交链"、期交所"智能风控平台"等行业性平台，以及交通

---

[1][2]《上海已落实数字人民币试点应用场景超 140 万个》，澎湃新闻，2023 年 12 月 28 日。

银行湖仓一体大数据中台、太保集团人工智能中台、富国基金混合云平台等行业领先的功能性应用。

【案例】上海市"徐汇大模型生态贷"集群贷款

2023 年底，为了推动上海市大规模预训练模型创新发展，构建开放安全创新生态，加快打造人工智能世界级产业集群，上海市财政局会同市经信委等有关部门联合出台《上海市推动人工智能大模型创新发展若干措施（2023—2025 年）》，制定了全市智能算力补贴政策和徐汇大模型生态空间算力补贴政策。目的是在战略性新兴产业、产业高质量发展、科技重大专项等市级专项中重点支持大模型创新。该政策明确要求，对 2024 年底前在沪完成智能算力部署并纳入统筹、接受调度的算力建设主体，经评估给予适当额度的部署奖励。对租用纳入本市统筹调度的算力进行大模型研发的本市主体，经评估按算力集群规模和成果水平给予最高 10% 的租用补贴；支持推进大模型应用生态建设，打造开源大模型行业应用创新生态空间，支持大模型开源社区和协作平台建设，引进培育大模型相关初创团队，加强行业大模型在垂直领域的深度应用，构建开放协同产业生态。

2024 年 3 月，《"徐汇大模型生态贷"集群贷款服务方案》应运而生。它是中国建设银行上海徐汇支行特别为"模速空间"这一国内首个大模型专业孵化与加速载体中的入驻科技企业量身定制的专属集群方案。不同于传统工业企业，许多 AI 运算类初创企业需要针对性强、灵活度高的信贷。因此，针对大模型企业算力特点，集群贷款方案增设专属增信维度，围绕园区维度、产业维度、技术维度、股权投资维度和人才维度等，设置专属定贷模型，提供日常经营周转所需流动资金贷款，借款额度为 10 亿元。该方案是针对人工智能产业，以政府算力补贴与奖励作为增信维度的集群方案，为孵化期的中小企业提供差异化的金融服务。作为上海市科创战略的重要一环，"模速空间"已成为人工智能领域创新创业的新高地。徐汇区凭借其在金融和科技双创领域的显著成绩，连续两年获得"中央财政支持普惠金融发展示范区"殊荣。截至 2024 年 1 月，区内银行普惠型小微企业贷款余额 416.42 亿元；新发放普惠型小微企业贷款平均利率 3.12%；小微企业信用贷款余额 88.73 亿元；科技型中小企业贷款余额 149.26 亿元：呈现出强劲的增长态势。

二、上海金融与科技融合创新存在的突出问题

虽然上海在金融与科技融合创新方面取得了很大成效，但上海金

融科技发展步伐还不够快，科技金融服务体系还不够完善，不同类型的科创主体、科创活动及在生命周期不同阶段的融资需求差异较大，加上金融市场自身的波动性，科技金融供需之间还存在不平衡、不充分、不稳定问题。

（一）金融科技发展速度还需加快

根据 2023 年 3 月第 33 期全球金融中心指数排名，上海金融科技指标（第 15 位）成为制约上海全球金融中心指数（第 7 位）排名提升的关键因素。从细分领域看，相比纽约、伦敦、新加坡，上海在监管环境、融资渠道、金融科技人才储备等方面仍有差距。上海金融科技发展较为缓慢，是有许多因素造成的，主要体现在以下两方面。

一是我国金融监管体系不完善制约了金融科技创新。从国际金融科技监管实践来看，美国、欧盟、新加坡以及中国香港的金融科技监管在实行严格的牌照许可与合规性要求的同时，积极利用监管科技，保持金融科技监管的灵活性，监管沙盒得到广泛采用并取得积极成效。与之相比，上海监管沙盒的布局时间、推进力度较为滞后，这也导致了上海在前沿金融科技创新方面处在跟随状态；目前上海监管沙盒测试项目以国有银行机构与金融科技融合为主，其内驱力不足，应用场景也很单一。上海在 WEB3.0 布局上也落后于香港，以及新加坡。对于当前新兴的 ChatGPT 技术，支持力度也落后于北京。

二是上海金融科技人才供给不足制约了金融科技创新。目前，上海金融科技人才缺口巨大，高校培养及证书培训与业界匹配度不高。根据 2024 年 7 月清华大学五道口金融科技研究院发布的《金融科技人才供需调研报告（2024）》，金融行业对金融科技人才需求强烈且技能要求明确，但人才供给不足。相比国外，上海高校对金融科技前沿技术研究及产学研融合程度不足，证书类金融科技人才培训有待进一步加强。

（二）风险投资、创业投资等股权投资发展不足

考虑到科创活动的特殊性，金融对科创发展的有效支持一般是通过股权投资，特别是股权投资当中的创投、风投来实现的。以此为起点才能带动银行、保险及其他的金融资源更好投入科技创新领域中，为科技发展提供有效的金融支持。研究表明，单从我国某个特定城市和区域来看，无论是科技研发投入体量，还是科创板企业的研发投入、独角兽企业的数量，包括规模以上工业企业的创新费用支出、专精特新企业集中程度等，都和该区域内创投风投的集聚程度有明显的正相关性。PE/VC 的集聚对于区域科创产业的发展非常重要，它也能带动更多的政府资源来为科创产业和企业服务。

当前，上海乃至全国的股权投资、创新投资虽然增长势头不减，但是速度已然开始放缓；机构和管理人数开始下降，集中度有所增加，资源并购整合重组的步伐开始加快，导致金融资源和科创投资标的都在向有管理能力的基金管理人倾斜。从结构层面看，创业投资基金数量占比高，但单只基金的金额不大，而专注成长期科创企业的成长基金只数不如创投基金。造成这一现象的原因有很多，比如经济下行导致募资来源收窄、投资风险容忍度降低、投后管理压力加大、退出渠道有待进一步拓宽等。在投资风险容忍度方面，当前上海天使期、种子期的投资比例、规模都有所下降；很多股权投资机构从过去参与并购，变成了较为保守的参股。风险投资的风险容忍度下降会影响风险投资的功能，当前上海不少风险投资都设计了对赌及回购的策略，这就说明其股权投资的性质发生了变化，有点类似"股转债"的倾向，逐步远离了风投的本质。当前上海股权投资机构投后管理压力普遍较大，背后原因除了市场总体不确定性增加、所投行业转型压力加大等因素外，也暴露了诸如投后服务增值服务需求提高、人才培养匹配度低等结构性问题。

第三节　金融与科技融合创新的国外经验借鉴

为加速金融与科技融合创新进程，世界各国根据其自身禀赋和制度优势，采取不同的模式。就单从金融支持科创领域来看，较为典型的有两种：一种是以美国为代表的以金融机构和市场为主导形成的科技银行、风险投资、证券市场并存的多元化融资模式；另一种是以德国、日本、新加坡为代表的以政府为主导形成的政策性金融机构、政策性信用担保机制、政府主导风险投资机制的融资模式。两种模式并无优劣之分，是互相交叉最后殊途同归的关系，关键在于能否解决科创企业在不同发展阶段的融资约束问题。科技企业在初创阶段既要坚持研发，又要积极扩展市场，其资金状况往往处于入不敷出的窘境，急需外部资金的注入输血。进入成长阶段后，企业经营业绩趋于稳定，但需要开展更高程度的创新研发，需要更多的融资资金，此外，科技型企业家一般不善于经营管理，需要综合性金融服务。由此可见，在科创企业发展的不同阶段，金融与科技融合创新方式也是不同的。企业初创阶段需要通过政府主导的融资模式开展融资，在成长阶段需要通过市场主导的融资模式获取多元化的融资资金和金融服务。

一、美国经验

单从高科技企业和金融机构的市值规模来看，美国无疑是目前全球科技和金融融合创新最为领先的国家之一。美国政府对于科技和金融融合创新的诸多支持，加上美元在全球贸易投资使用上的优势，美国吸引了全球半数以上的科技类投资，在高性能计算、高分子生物等诸多领域产生一大批具有重大原创性、引领性的科创成果，孵化培育了 SpaceX、OpenAI、Illumina 等一批全球顶尖科技企业，为美国抢占新一轮科技革命和产业变革制高点打下坚实基础。

（一）美国"科技—产业—金融"协同发展的主要措施

高科技产业是美国经济发展的核心，长期以来，美国企业、高校院所和金融机构通过协同联动，发挥各自优势资源，形成了企业主导，科研机构主创，金融机构主动提供资源，三方协同，共同推动科技、产业、金融的良性循环。

1. 以科创企业主导的产学研联动

科创企业作为产业科技创新的引领者，主导产学研金融合，通过研发、战略、资金等的联动，推进科技创新和高科技产业发展。

首先，前沿创新和基础研究方面，企业面向前沿领域开展科技创新，不断加大研发投入，给予金融界支持科技创新的信心。2021 年美国企业研发投入经费中有近 22% 的比例用于基础研究和应用研究，远超中国、德国等国家。其中，OpenAI 就是典型代表，其长期高投入进行 GPT、CLIP 等人工智能领域前沿算法模型攻关，2022 年总计投入超 5 亿美元，[1] 与热衷投资新一代信息技术、先进制造等前沿领域的风险投资机构不谋而合，实现了科技创新与金融支持的耦合。

其次，在产学研联动创新方面，美国企业也发挥着重要作用，利用自身的市场资源和金融优势，与高校、科研院所、金融机构等主体联动，强化资源共享和优势互补，构建"技术＋金融＋应用"的高效循环模式。比如著名的军工企业洛克希德马丁公司加入科罗拉多大学博尔德分校 CUbit 量子倡议，联合高校研究中心、实验室等开展多体量子态设计、光镊与量子模拟结合等攻关，同时加强与金融机构、科技服务中介等多主体合作，加快技术在量子雷达、超光速军事信息网络等实战中的应用。

再次，美国以产业链龙头企业为引领，带动上下游科技企业开展协同创新，依托产业链供应链撬动社会资本，提高金融对科技创新的支持力度，助推重点产业实现技术跃升。谷歌、微软、英特尔等科技巨头通过与前端技术供给、终端设备制造及服务厂家构建互相依存、深度拥抱的技术商业生态圈，实现协同创新、利益共享、风险共担，并通过自身对上下游投资的标杆效应带动风险投资对 AI 超算、芯片设计等进行持续输血，迅速实现一系列重大突破并转化为现实生产力。

2. 科研机构注重科技成果的商业化

美国的科研机构主要由国防部、能源部、国家科学基金会、国家

---

[1] 赛迪研究院科技与标准研究所，王凡、陶青阳、郭雯、何颖：《中国可借鉴美国"科技—产业—金融"良性循环经验》，澎湃新闻，2023 年 10 月 18 日。

航空航天局、美国国立卫生研究院等政府科研机构下属的联邦实验室（如劳伦斯伯克利国家实验室、洛斯阿拉莫斯国家实验室等），以及斯坦福大学、麻省理工大学、杜克大学等高等院校组成。他们通过技术许可、技术转让、衍生企业协议等方式与产业界进行深度联系，充分发挥人才设施的优势，推进基础研究、应用研究、成果转化有机结合，与企业、风险资本等紧密互动，共同推动科技成果向经济价值的转化。在体制创新方面，美国通过在联邦实验室中设立嵌入式创业项目的方式，为初创团队提供最先进的实验设施，促进顶尖创业型科学家和工程师进入实验室开展早期研发和产品商业化。如美国国家能源部允许劳伦斯实验室不受预算委员会牵制，聘请咨询团队，为初创者制定包含市场前景、技术可行性和成本控制方案等在内的商业计划书，并提供运营管理等方面咨询。同时，美国科研机构还引入风投资源打通融资渠道，协助对接下游企业扩大销售渠道，帮助初创企业实现商业化运营。比如，劳伦斯实验室为 Twelve 确立了"发明纳米催化剂—生产反应堆硬件—融入全球供应链"的商业发展模式，协助其获得 2 亿美元风投资金，并融入奔驰、NASA 和阿拉斯加航空等行业巨头的供应链体系。此模式解决了初创企业只懂研发、缺乏商业思维管理运营能力的问题，帮助其实现了商业化运作。[1]

与此同时，美国高校也积极面向产业一线需求开展基础研究和应用研究，与企业紧密合作开展成果转化，加速技术商业化进程。斯坦福大学设立技术许可办公室，对企业开放大学实验室，形成"学术—

---

[1] 赛迪研究院，吴泽、樊蒙、谢振忠：《如何提升中国初创企业科技成果转化效率》，澎湃新闻，2023 年 7 月 5 日。

工业"综合体的发展模式，衍生出超千家企业，并以产业实际需求为导向形成了涵盖孵化基金、风险投资、法律咨询等的创新链条服务体系，为硅谷的繁荣奠定坚实基础。此外，杜克大学、北卡教堂山分校等著名大学将自身科研人才、学科优势同北卡州化工纺织、工业制造等传统支柱产业高端化的转型需求紧密相连，与当地超过90%的企业建立研发合作关系，年均吸引近40亿美元的风险投资，通过市场应用反馈实现分析仪器、清洁能源技术等高附加值技术产品的快速研发应用和价值创造，助力北卡罗来纳州经济总量由全美倒数第五跃升至全美前十。[1]

3. 形成金融支持科技产业创新的多层次市场化金融体系

美国相对成熟的市场化金融体系给科技创新提供便捷的金融服务。一方面通过金融机构发挥价值评估功能，在科技和产业之间搭起"桥梁"，另一方面也可以通过银行信贷、证券市场等多样化的融资渠道和灵活的风险投资环境有力地支持了不同阶段的科技创新和初创企业成长。在银行信贷方面，由于传统商业银行以稳健运营、风险控制为开展业务的主要原则，与科技型企业的"轻资产、高风险、高成长"特征不匹配。为了更好服务于不同发展周期、研发阶段的科技型企业，商业银行对现有银行的金融功能进行创新和完善，充分发挥渠道支持作用，将银行贷款、风险投资、资本并购相结合，形成"投贷联动"的支持模式，极大地缓解科技型企业"融资难、融资贵"的问题。美国得益于成熟的证券市场和金融体系，在科技金融融资模式方

[1]　赛迪研究院科技与标准研究所，王凡、陶青阳、郭雯、何颖：《中国可借鉴美国"科技—产业—金融"良性循环经验》，澎湃新闻，2023年10月18日。

面以市场为主导，以科技贷款市场、证券市场、风险投资相互联动，将市场资源配置作为科技型企业融资的主要方式，为科技型企业提供融资资金和融资服务。

（1）完善的风险投资机制

美国的 PE/VC 风险投资领域也是领先于全球大多数发达国家的。这一点尤其值得关注。因为风险投资与科技型企业的关系较资本市场更加紧密，且属于共生繁荣、共享利益、共担风险的协同关系。通过资金推动美国科技进步和技术产业化，并分散创新过程风险。资金来源上，大多数美国风险投资资本来自养老基金、保险等金融机构，大学基金、财团、企业，以及高净值人群，资金来源多元化特征显著。20 世纪 80 年代后，养老基金开展风险投资的比例逐渐上升，这种机构投资者为科技创新带来了持续性的资金支持，引导初创企业重视长期技术研发而非短期经济效益。资金投向上，美国风险投资遵循"投早""投小"原则。数据显示，在美国风险投资支持的初创公司中，其研发投入 85% 来源于风投资金。近年来，美国风险投资投向天使和种子期的投资次数占比逐步增加，自 2012 年起占全部投资次数的比重均超过 40%，投向企业首轮融资的次数占全部投资次数的比重保持在 30% 左右，有力地支持了初创期高新技术企业的发展。[1]

因投资目的和风险偏好不同，美国的风险投资机构会采用债权风险投资、股权风险投资两种工具中的一种，或者采用组合工具。倾向于短期投资或风险偏好较低的风险投资机构一般选择债权投资工具，一方面由于双方约定还款期限，另一方面债权的清偿权优先于股权，

─────────────

[1]《美国风险投资常年全球第一的秘密》，新浪财经网，2021 年 1 月 18 日。

因此投资风险较低，该投资工具主要用于成长阶段的科技型企业。倾向于长期投资或风险偏好较高的风险投资机构一般选择股权投资工具，一方面通过参与企业的治理缓解信息不对称，另一方面通过企业盈利后获取较高的股息。但长期股权投资的风险较大，不仅在于企业未来发展的不确定性，而且需要风险投资机构制定较好的退出方式来获取最终收益，该投资工具主要用于初创阶段的科技型企业。风险投资机构在采用股权投资工具时会设置优先股和普通股，优先股获得的股息不变，虽然不能随着企业股价上涨而增加股息，但具备优先清偿权，可以降低投资风险。风险投资机构通过债权投资工具、优先股投资工具及普通股投资工具的多种组合可以在控制风险的基础上保证收益，同时通过参与企业治理提供市场规划、风险控制等服务。此外，风险投资机构往往还会采用分期投资的方式来控制风险，为科技型企业提供的资金分几个轮次投入，每轮投入的资金仅保证企业发展到固定阶段，若在固定阶段内企业未达到约定的业绩或标准，则风险投资立即中止，对企业形成激励约束作用。

（2）发达的多层级证券市场

美国的证券市场构建了主板（第一层级，主要服务于业绩良好、发展成熟的企业）、创业板（第二层级，包含美国证券交易所和纳斯达克市场，主要服务于高成长性中小企业）、区域性证交所（第三层级，主要服务于无法在证交所挂牌交易的中小企业）三个层级。其中，场外交易市场上市门槛较低，为高新技术产业、能源产业、医药健康产业等企业创新提供便利的融资平台，极大地满足了大批高新技术企业上市直接融资和创业风险资本退出的需要。同时，资本市场建立了"自愿升级、强制降级"的转板制度，并可实现跨级转板。这一制度能够充分发挥证券市场"优胜劣汰"的机制作用，有利于提高上市科创公司整体质量，形成对硬科技的准确价值判断，促进资本市场对企业创新进行长期支持。

美国证券市场的多层级结构为不同资产规模、不同发展阶段的科技型企业提供了证券交易融资服务，处于初创阶段的科技型企业可以在区域性证交所上市交易证券和股票，处于成长阶段、资产规模较低的企业可以在创业板市场上市获取证券市场融资。美国各层级证券市场之间并非孤立，上市公司满足上层级市场准入条件后可摘牌进入，而且各层级证券市场制定了灵活的退出机制，有助于企业开展便捷的升板、转板或退出。

相较于其他发达国家，美国依赖于成熟的证券市场创建了资产证券化融资产品，将缺乏流动性但能够产生可预期稳定现金流的资产汇成资产池，通过结构安排和信用担保，将资产池转变为在证券市场流通交易的证券。资产证券化融资能够在一定程度上缓解科技型企业资产规模较小、信用等级较低而无法获取融资资金的困境，科技型企业通过将创新研发项目的未来收益汇入资产池并在证券市场中流通，能够获取大量融资资金，适用于初创阶段和成长阶段的科技型企业。资产证券化融资属于表外融资，在流通交易过程中仅需考虑现金流增加，打破了证券固有发行条件，显著降低了信息不对称。科技型企业能够以等于甚至高于资产面值的价格进行交易，而且支付利息远低于普通证券，大幅降低企业的融资成本。

（二）美国"科技—产业—金融"协同发展的启示

从美国科技、产业、金融循环的实践上看，战略政策组合促进资源协同配置，不同类型金融工具与科技创新的关键节点、产业的不同发展阶段相互适配，科研机构和中小企业负责创新，大型企业负责产业化运作，金融机构和市场负责估值、投资和并购，三方各司其职，实现了金融链、创新链和产业链高效耦合。

1. 政府在政策端创造了良好的制度环境鼓励创新

美国政府通过打好资金、成果保护、人才等政策组合拳，为创新主体营造良好的制度环境。同时，设立美国小企业管理局（SBA）等机构或部门，加强对金融、科技与产业各个领域的资源统筹，对市场错配和失灵进行有效补位。借鉴美国经验，我国应加强"科技—产业—金融"循环的顶层设计，瞄准重点领域明确主攻方向和核心突破口，建立健全跨部门协调联动机制，运用政策组合拳，全面提高资源整合配置、社会资本撬动、创新活力激发、知识产权保护等方面能力，形成对关键共性技术、前沿引领技术、现代工程技术、颠覆性技术创新的支持，加快科技成果转化和产业化进程。

2. 企业和高校结合紧密，促进科技项目产业化

美国企业、高校、科研院所等致力于开展原创性、引领性科技创新，通过高附加值前沿技术创新吸引市场投资，进而形成行业引领带动作用，推动技术产品产业化商业化一条龙突破。此外，生物医药、信息技术等产业通过市场反馈将技术供给与产业发展需求紧密相连，不断丰富创新要素、优化创新机制，推动基础研究、应用研究、成果转化的有机结合，加快技术产品迭代完善。借鉴美国经验，我国应发挥科技领军企业在战略性、先导性、原创性技术创新中的引领作用，支持链主企业联合上下游企业、科研院所、金融机构等组建需求快速反馈、资金精准扶助、技术共研共用的创新联合体，以产业一线需求为导向，进行产业链上下游"航母式"发展和生态式突破。

3. 发挥直接融资与间接融资的各自优势，形成对创新的多种支持机制

以纳斯达克为代表的成熟金融市场为科技型企业提供上市融资、创业投资、投贷联动等多元化融资渠道，满足创新不同阶段关键节点的资金需求。中国可以借鉴美国在资本市场建设中的做法，兼顾效率与安全，持续完善金融支持科技创新、服务实体产业体制机制，进一步发挥财政和金融共同发力的政策效应，降低科创企业信贷融资门槛，开发一批个性化、定制化金融产品服务。同时，培养一批具有全球视野及敏锐嗅觉的风险投资机构，吸引一批有实力、国际化的天使投资、股权投资和并购资本，提高金融机构精准识别高价值、高发展潜力科技企业的能力，以耐心资本支持产业升级与技术进步需求。

【案例】美国生物医药产业的金融科创协同特点

生物技术是传统医药行业的升级迭代版。而美国是现代生物技术的发源地之一，有多家药厂是全球生物制药行业的引领者。历经多年发展，美国已形成较为成熟的生物医药创新体系，联邦政府通过制度设计为产业发展营造良好环境，产业链上大中小企业、产学研用相互配合，多元化金融资本为产业高速发展提供有力支撑，合力推动前沿技术突破与市场应用。

（1）制度保障：政府为生物医药产业创新提供政策支持

在联邦政府层面，各届政府都致力于为生物医药产业发展提供基本制度保障。奥巴马、特朗普、拜登政府先后制定了《国家生物防御战略》《国家卫生安全战略2019—2022》《全球卫生安全战略》《关于推动生物技术和生物制造创新以实现可持续、安全和有保障的美国生物经济》等，推动全美生物医药产业创新发展。此外，共有15个州制订了生物医药专项发展战略，8个州制订了重点发展生物科学科技或经济发展战略，为科研机构、企业等利用政府资源提供保障。另一方面，专门的税收优惠制度为产业发展注入活力。在《税收优惠简化和公证法案》中，明确提出针对罕见病的治疗药物，其临床费用的一半予以减免。此外，马里兰州规定本地区生物医药投资者可以按照投资金额的一半进行抵扣，以吸引更多金融资本支持生物医药产业发展。

（2）产学研协同背景下各类企业分工合作

一是以科技、产业、金融一体化的专业组织服务生物医药产业发展。1993年，美国工业生物技术协会（IBA）和美国生物技术厂家联合会（ABC）合并组成生物技术工业组织（BIO）。该组织集生物技术工业生产、研发、贸易、投融资为一体，为全球1200多家会员单位提供产品宣传、业务拓展、融资对接等服务。此外，政府支持生物技术产业协会等行业组织的发展，提高生物技术产业的市场准入门槛，并为生物医药企业提供投融资和生产管理服务。

二是大学注重技术突破并加强产学研合作。2021年，美国高校在研发方面投入超860亿美元，近51%用于生命科学领域的研究。波士顿地区鼓励麻省理工学院、哈佛大学等高校向中小型生物医药企业有偿共享实验室、高级试验设备等科研设施，不仅促进高校生物技术的转化和溢出，也拓宽高校获得科研经费的渠道，提高区域科研效率。

三是大中小企业实现融通创新。以基因泰克、默沙东等为代表的大型生物医药公司对 Versanis Bio、Skyhawk Therapeutics 等研发强度高、具有领先技术的中小企业进行合同外包，充分利用大型成熟药企雄厚的资金实力、临床开发能力、量产推广能力、注册上市经验、辐射全球的经销网络和供应链，加速创新药的上市推广。

（3）丰富的资金渠道助力行业发展

一是充裕的联邦财政资金支持。联邦政府通过多渠道的资金扶持推动生物医药产业的研发创新。2023年，美国生物医学领域的投入经费达到3000亿美元，其中，基础研究达到900亿美元，应用研究达到1100亿美元，剩余1000亿美元将支持技术转化，包括药物开发、器械开发等。此外，联邦政府及州政府通过各类基金支持生物医药领域基础研究。如，国立卫生研究院（NIH）研究基金采取竞争性申请、政府无偿支付的方式进行支持，以是否有市场前景作为重要评判标准，促进企业、高校和科研院所开展基础研究。

二是充足的风险资本投入。2021 年，美国生物医药企业所获风险投资额度为 366 亿美元，占全球总额的近 61%。2022 年，生物医药企业在创投早期阶段（B 轮及以前）次均募资金额约 4000 万美元，私募中后期阶段，次均募资金额增至 1 亿美元。北卡罗来纳州三角研究园形成了富达投资、红杉资本等风险投资基金和具有政府背景的金融机构高效合作的 PPP 模式，为园区内初创企业提供便利的融资服务。

三是活跃的证券市场进一步促进了行业投资热度。经过多年发展，美国围绕纳斯达克生物科技指数（NBI）和标普生物科技精选行业指数（SPSIBI）建立了 22 只生物医药领域的交易型开放式指数基金（ETF），总资产达 210.61 亿美元，大大提高了金融市场中生物医药企业的活跃度，撬动更多资金支持产业链供应链的发展。

四是完善的资本市场加速了企业之间的兼并收购，进而增强企业竞争力。美国生物医药行业已步入成熟阶段，并购成为获取前沿技术的重要途径之一。如 2022 年，安进以 278 亿美元和 37 亿美元分别收购 Horizon Therapeutics 和 Chemo Centryx，加强其在免疫疾病、炎症药物等的研发实力。同年，辉瑞以 116 亿美元和 54 亿美元收购 Biohaven Pharma 和 Global Blood Therapeutics，拓展其在血液疾病、偏头痛等治疗药物的市场。

二、德国和日本经验

除了美国以外，世界其他发达国家或多或少都受证券市场不健全、风险投资行业不发达的影响，其科技金融模式呈现政府主导为主，通过政策性金融机构、政策性信用担保机制、政府主导风险投资机制形成多方位融资模式，其中以政策性金融机构和信用担保为主，为科技型企业提供融资资金和融资担保。下面我们主要以德国、日本为例，对这一模式进行分析。

（一）德国：重视发挥政策性金融机构的主导作用

相比美国直接融资占比较高的金融体系，德国、日本等国的间接融资规模相对较高。以德国为例，德国长期处于"小金融、大实体"的情况，金融业主要服务于实体经济，脱实向虚的风险比美国要低得多。德国金融业增加值占 GDP 比重一直较低，20 世纪 90 年代以来长期维持在 5% 左右，且占比逐步降低，2021 年仅为 3.42%。然而德国制造业一直保持强势趋势，20 世纪 90 年代后制造业增加值占 GDP 比重稳定在 20% 左右，2021 年为 18.26%。德国金融业以金融机构，特别是商业银行为主，资本市场发展程度相对不高。2021 年，德国共有 1446 家银行机构，虽然和 1948 年超过 3500 家相比，数量大幅减少，但和欧洲其他国家相比仍然较多；银行业总资产 9.6 万亿欧元，占德国金融业总资产比重达到 60% 左右，是金融业的主导。[1]

---

[1] 管清友：《德国金融模式助力中小企业发展，对中国有何启示？》，《经济观察报》2023 年 1 月 1 日。

德国证券市场上市企业少，规模少，交易体量也较低。德国法兰克福证券交易所在 2021 年底仅有 638 家上市公司，总市值占 GDP 比重 6 成左右，股票交易总额占 GDP 比重远低于英美两国，与我国相比也低很多。加之德国的银行普遍私有化程度低，所以其业务覆盖范围广泛，非盈利性特征比较突出。德国银行机构一般可以分为全能银行和专业银行两大类，其中全能银行是德国银行业的主体，全能银行不受分业经营限制，除正常的存贷业务外，各类证券承做、买卖均可以涉及。2021 年，德国 1446 家银行机构中 1401 家归属于全能银行范畴，专业银行 45 家只能从事其营业许可证所规定的特定金融业务。[1]

1. 立法保护中小企业科创发展，发挥政策性银行的主导作用

和美国一样，在德国和日本，中小型企业也是最活跃的科技创新主体。在德国，这些企业的科研投入占全国总量的 70%。在此背景下，德国各方面为中小型制造和科技企业创造了比较完善的配套政策机制。主要表现在两个层面：一是建立服务中小型制造和科技企业的法律制度和政策体系，德国陆续出台了《反对限制竞争法》《反垄断法》《中小企业促进法》《德国复兴信贷银行法》等专门法律，具体以支持中小型企业发展为核心，避免大型企业垄断或恶意并购，保护中小型制造和科技企业成长壮大，并设立中小型企业服务机构，专门为遍布德国各地的中小型企业提供公共服务。

有了法治层面的优势，德国可以充分发挥政策性银行与商业银行的协同优势。围绕中小型企业，德国设立了专门的政策性银行——

---

[1]　管清友：《德国金融模式助力中小企业发展，对中国有何启示？》，《经济观察报》2023年 1 月 1 日。

德国复兴信贷银行（KFW），与州担保银行、商业银行等开展紧密合作，通过国家信用担保或行业商会组织等为中小型企业提供长期的低息资金，且信贷金额较高并享有特殊优惠政策。由于《德国复兴信贷银行法》明确包含支持"中小企业和初创企业""技术进步和创新"融资。2019年，德国复兴信贷银行投入中小企业（含个体户）领域的资金约为360亿欧元，接近其全年总投入（773亿欧元）的一半。2020年，为支持受新冠肺炎疫情影响的中小企业，德国复兴信贷银行总贷款额度进一步增加至1353亿欧元。[1]不仅如此，德国复兴信贷银行还在为创新型中小企业发放贷款时比较注重提供差异化产品，在业务模式上不设分支机构，不直接面向中小企业，而是通过"转贷"机制委托商业银行发放贷款。"转贷"机制在一定程度上解决了政策性银行与商业银行的定位和竞争问题。

政府通过向政策性银行提供利息补贴，引导和支持政策性银行为中小企业特别是中小科技企业发放中长期贷款，贷款利率通常比市场利率低2个百分点左右。比如，德国政府委托德国复兴信贷银行为科技企业的创新计划提供长期低息贷款。贷款由两部分组成，一部分是普通商业贷款，需要企业提供担保，但前两年可暂缓支付利息；另一部分是免担保贷款，前七年可暂缓支付利息。

2. 区域性政策优惠信贷

德国商业银行体系主要包括商业银行、储蓄银行、合作银行等，这些银行除承接德国复兴信贷银行的"转贷"外，还积极进行产品和

---

[1] 郭锦辉：《借鉴德国经验　加大金融支持创新型中小企业力度》,《中国经济时报》2021年12月15日。

服务创新，是支持创新型中小企业信贷融资的主力军。据统计，德国的商业银行贷款约占到德国中小企业信贷市场的七成，比德国复兴信贷银行多四成。以政策性银行信贷为先导，带动商业信贷投入科技领域。

德国以信用担保为手段，促进商业银行加大对科技企业的信贷支持。德国政府通过出资设立信用保证协会，为中小企业向银行贷款提供信用担保，以降低企业在科技创新融资时的授信阻力。

（二）日本：政府直接深度参与科创融资进程

日本为了扶助科技型企业发展，针对其融资需求和经营弱势设置了政策性金融机构提供融资支持，并且给予业务技术指导。不仅如此，日本官方还为科技型企业提供特定信用担保，牵头成立风险企业开发银行进行风险投资。

1. 政策性金融机构

日本的政策性金融机构如表 2-2 所示，其中一些政策性金融机构为科技型企业提供低息融资服务，而且服务范围覆盖到 20 人以下的科技型企业。日本的政策性金融机构资金来源主要是政府拨置和政府提供借款，不同类型的科技型企业可以通过专门的公库获取针对性的融资服务。

表 2-2　支持日本科技型企业发展的政策性金融机构

金融机构名称	资金来源	金融服务内容及对象
国民金融公库	政府拨置资金、提供借款	为规模较小、运营困难的科技型企业提供小额周转资金无担保贷款，包含 20 人以下的科技型企业

（续表）

金融机构名称	资金来源	金融服务内容及对象
商工组合中央公库	政府拨置资金、行业协会出资	为企业协会成员提供贴现票据、无担保贷款以及业务技术指导等融资服务
中小企业金融公库	政府拨置资金、提供借款。企业发行债券	为规模较大、重点支持行业的科技型企业提供长期低息贷款

资料来源：郭孜一：《科技金融二元融资模式的国际经验借鉴》，《财会通讯》2023 年第 3 期。

2. 政策性信用担保机制

除了直接拨款这类直接资金手段外，日本政府也重视利用政策性信用担保机制给予科创企业以金融信贷支持。科技型企业融资约束的关键在于缺失抵押物和商业信用，日本的政策性信用担保机制则完善了间接融资市场、优化风险收益分布，为科技型企业提供信用担保。日本的政策性信用担保机制由中央政府、地方政府分别出资监管信用保险公库和信用保证协会，并与商业金融机构开展合作，为科技型企业提供贷款和信用担保。日本的政策性信用担保机制形成中央政府和地方政府两级风险担保。地方政府出资监管的信用保证协会根据《信用保证协会法》的规定，以支持中小企业产业政策为目标，以谋求中小企业金融活动顺利开展为原则，为科技型企业提供担保。中央政府出资监管的信用保险金库根据《中小企业信用保险法》的规定，对信用保证协会的信用担保进行补充，两者为科技型企业的融资提供全额担保。信用保险金库可以为信用保证协会提供再担保，信用保证协会在与金融机构签订担保合同时，可以向信用保险金库支付保证费，由信用保险金库承担更高的代偿风险。

3. 政府主导风险投资机制

日本的风险投资机制最初是由政府成立风险企业开发银行，主要为风险企业提供低息贷款，目前已形成以政府为主导、金融机构和集团公司为主体的风险投资机制。政府通过《中小企业新事业活动促进法》引导社会风险资本投向科技型企业，通过成立风险投资公司一方面为科技型企业直接提供融资资金，另一方面为科技型企业的贷款申请提供债务担保。日本在 1997 年制定的《天使投资税制》引导有限责任组合、海外资本、个人、年金等资本投入风险投资领域，日本的社会风险投资机构主要是由金融机构和集团公司设立，风险投资机构的资金 70% 来源于母公司，30% 来源于其他社会主体。[1]

（三）德国和日本经验对上海的启示

1. 直接或间接融资结构不是决定金融对科技产业支持的关键因素

每个国家都兼具直接融资和间接融资，是市场和中介的混合体，但各国侧重不同。总体来看，直接或间接融资结构不是决定金融对科技产业支持的关键因素，并非直接融资比重越高，金融对科技产业的支撑作用就越强。不论何种金融结构，在支持科技产业中都能发挥积极作用。过分强调提高直接融资比重，不一定有助于科技产业发展。以直接融资为主的美国和以间接融资为主的德国、日本，都属于科技强国。

2. 实现金融支持科技产业发展的关键是科技、产业、金融三者之间形成良性循环的关系

一是要基于技术演进和产业生命周期，发展不同金融（政府、金融和产业资本）支持，实现产业、金融和科技的融合发展。金融对科

---

[1] 郭孜一:《科技金融二元融资模式的国际经验借鉴》，《财会通讯》2023 年第 3 期。

技企业的支持机制依据生命周期、规模大小和创新能力而异。企业在不同成长阶段都会面临融资约束，克服不同类型的融资约束，需要不同的金融工具。

二是基于微观企业资金需求创设能充分挖掘企业内在价值的金融形式。除了处于不同生命周期的企业，其主要的资金需求和资金满足方式不同外，对于处于相同生命周期大的企业，也有不同种类的资金需求，需要用不同的金融形式加以满足。特别是对于非核心企业，其价值（商业信任的基础）较难发现和挖掘，需要穿透企业主体，从商业过程中寻找信任基础。即金融体系需要深入了解商业过程，发现并充分挖掘商业信用，创设出与企业内在价值相一致的金融产品和交易结构。

总之，上海需要一开始就将金融内置于产业发展之中，打通技术、产业和金融的知识（技术）和政策壁垒，让产业（技术）、金融和政府三者自然"成长"。为此，需要发展内嵌于产业的金融体系，金融为产业所用而非产业仅是金融运作的载体，允许产业内生的金融业态涌现，形成良好的产融生态圈。

三、纽约、伦敦、新加坡等城市的经验

我们回顾了世界主要发达国家金融与科技融合创新的一些代表性经验成果，但是这些经验大都聚焦于国家或者区域层面。而上海作为全球有影响力的国际金融中心城市，更需要借鉴和参考其他国际金融中心在这方面的经验。事实上，促进传统金融与科技创新的深度融合与协同发展，是全球主要国际金融中心的共同目标。从纽约、伦敦、新加坡等城市的经验来看，成熟的资本市场体系、金融产品及服务为科技创新提供了资本和其他生产要素，发挥了资源配置枢纽的作用。而科技创新需求产生的金融活动反过来也会提升国际金融中心的全球竞争力。解决国际金融和科技创新这两个中心建设的瓶颈问题和实现全球性城市发展能级的突破，是上海下一步加快建设"五个中心"过程中面临的主要挑战。接下来，我们就对三个具有代表性的国际金融中心城市进行有针对性的研究，以其为上海的金融与科技融合发展提供有益的借鉴。

（一）纽约：发挥资本市场的天然优势

美国繁荣活跃的资本市场为支持企业科技创新和推动纽约国际科技中心建设提供了源源不断的资金支持。同时，依托多层次的场外交易市场和风投资本市场，针对科创企业生命周期成长特征及不同阶段的风险管理需求，提供丰富而有差异化的金融工具。尽管硅谷地处美国的西海岸，但是它的发展壮大在很大程度上受到金融资本聚集地——地处东海岸的纽约华尔街的影响。华尔街的资本实力和对全球资本的吸引力，为硅谷科技成果的落地提供源源不断的金融资本，打造了具有全球竞争力的美国科技产业。

科技发展是金融发展形态变迁的重要推动力，以科技创新提升金融市场效率与交易平台服务能力，同样可以促进金融业态发展，实现共同繁荣。金融科技的发展，如数字货币、大数据、区块链在金融领域的应用，使得金融市场服务效率不断提高，金融市场层次、产品层次及价格发现功能不断提升，交易成本不断降低。因此，纽约将金融科技产业作为重点发展的产业之一，且将"全球科技创新领袖"作为未来发展的重要战略，以科技与金融的融合主导未来金融领域创新趋势。两者的融合发展催生新兴产业。以"双中心"的融合发展，促进消费产业、金融科技产业和数字资产行业的蓬勃发展，推动美国前沿产业的繁荣，成为美国获取全球产业链价值链高附加值的重要原因。

（二）伦敦：打造包容开放的"双中心"生态

作为老牌国际金融中心，伦敦一直致力于完善科技创新的顶层设计和战略规划。近年来英国出台了一系列扶持科创企业战略发展和融资需求的规划和方案，例如，2020 年发布《英国研发路线图》，强化研发投入和支持企业科技创新；2021 年制定了《英国创新战略：创造未来，引领未来》具体方案。这些方案无一例外地都通过伦敦国际金融中心发展来支持科创中心建设。以发达的金融业和多层次、结构化的金融市场服务，为科技创新提供充足的资本和应用场景支持，创设了金融与科技融合发展、汇聚境内外两种资源的典型范式。借助发达的风险投资市场，为处于不同发展阶段的创投企业注入资本，伦敦不仅形成了科创企业聚集的创新生态系统，而且致力于打造"全球最智慧城市"，将绿色可持续发展作为城市建设的重要主题，通过创新金融市场工具，为科创、绿色企业提供多样化的融资工具。

与纽约有所不同的是，伦敦践行的是金融＋科创的双头发展战略，其中金融科技发展是伦敦建设的焦点领域。一方面，加强与国际金融监管组织在金融科技创新方面的合作，借助国际合作平台吸引国际资源与金融业人才；另一方面，构建开放的金融科技服务体系与包容的金融科技行业治理结构，将伦敦发展成为机遇、人才与资源的集聚地，打造金融科技领域的专业化创投方案、国际化与透明化的金融生态系统，以及繁荣的金融业态。

（三）新加坡：政府和企业共建创新金融生态

作为全球范围内颇具特色的"国家"城市，新加坡高度重视企业创新发展与政府资源的互动，依托新加坡企业发展局等机构，并借助社会研发设施和平台，为中小企业和创投企业提供各类金融服务和资金补贴支持。

近些年来，新加坡多层次资本市场发展逐渐完善，强大的境内外与场内外金融市场支持新加坡金融和科创协同发展。新加坡证券交易所是亚洲第三大证券交易所，目前有面向成熟发展企业的主板和适合快速成长阶段企业的凯利板，两大板块构成了新加坡多层次的资本市场体系，为处于不同发展阶段的企业提供针对性融资方案。新加坡场外市场风投资本在支持新加坡科创中心建设中也发挥了显著作用，其风投资本汇聚亚洲资金实力，为科创企业提供全生命周期的创业投资。此外，场外金融衍生品市场及离岸金融服务也为金融和科创协同发展提供了充足流动性。

新加坡在金融与科技融合创新方面比较具有特色的是 2009 年推出的"创新与能力券"计划。为提升中小企业的科技竞争力，新加坡标准、生产力与创新局（以下简称"标新局"）推出了"创新券"计划，在促进产学研合作、科技成果转化方面发挥了积极作用。2012年，标新局将"创新券"更名为"创新与能力券"，以赠券的形式为中小企业在创新、生产力、人力资源管理及财务管理等领域给予各种补贴，全面提升中小企业研发能力。"创新与能力券"是以企业创新需求为基础的一项政府创新投入政策，主要针对中小企业经济实力不足、创新资源缺乏而大学和研发机构缺乏为中小企业服务动力而设计的一种变相资金补助。"创新与能力券"有明确的适用范围，主要用于针对诊断、可行性研究、业务流程改善、有针对性的培训计划、产品或服务的发展规划以及企业采用质量和标准等方面的费用支付，目的在于提升中小企业在创新、生产力、人力资源及财务管理四个领域的能力。在实际审批过程中，"创新与能力券"的覆盖面非常广泛。标新局规定，只要在新加坡注册并实际存在、拥有30%以上本地股权的中小企业，均可申请"创新与能力券"。企业只要就项目提前与研发机构沟通，双方达成协议后，研发机构协助企业提交申请，两个工作日便可获得结果。

这种以特别领域"定向消费券"形式向科创企业提供资金支持的例子在世界范围内还是首创。新加坡政府通过向企业赠送"创新与能力券"，为企业的创新活动提供资金支持。企业向研发机构购买产品和服务，并用"创新与能力券"支付相关费用。研发机构在规定期限内完成合作项目后，持"创新与能力券"和项目总结报告到标新局申请"兑现"，标新局在经过审核确认后向研发服务机构进行支付。"创新与能力券"的推出有效地将政府、中小企业、科研机构结合起来，促进了三者的联动，特别是构建了新型产研关系，推动知识产权转移和科技成果转化，起到了政府花钱买机制、促创新的效果。

除了资金支持以外，新加坡政府积极完善国家创新生态系统，为企业创新发展提供动力，定期举办的"新加坡科技创新周"已成为亚洲首屈一指的科技创新与企业盛会。近年来，新加坡政府还推出中小企业数字化计划等方案，成立专门的金融科技发展办公室。金融科技发展办公室在新加坡金融科技的发展过程中承担核心作用，在经费使用、开展监管创新及加大人才支持培养等方面负全面责任，在金融科技的发展进程中提供关键性的战略支持和指导作用。为了弥补人才缺口，新加坡成立了致力于培养金融科技人才库的新加坡金融科技学院。该学院旨在为学习者提供金融科技基本技能，包括技术、领导能力和软技能的培训和认证，并通过联系导师、领导者和企业家来帮助拓展金融科技业务。该学院还与教育部门合作，将金融科技的教学嵌入 STEM 和金融学位及其他课程的现有模块中，帮助学生提高金融科技技能水平。

早在《全球金融科技指数城市排名 2020》报告中，新加坡被评为亚太地区金融科技领袖。目前，新加坡具有较大的金融科技初创企业生态系统，其中东盟金融科技总数的 39% 位于新加坡。2023 年 8 月，新加坡金融管理局（MAS）发布 "金融领域科技和创新 3.0 计划"（Financial Sector Technology & Innovation Scheme，简称 FSTI 3.0 计划），拨款 1.5 亿新元以推动金融领域科技与创新。[1] FSTI 计划现已更新到了第三版，自 2015 年以来已累计拨出 3.4 亿新元，其目标都是吸引先进的技术和人才来新加坡开展金融科技研究，为创建充满活力的金融科技创新生态系统提供支持。与前面两版计划相比，FSTI 3.0 计划特别设立了 "优化卓越中心发展路径"，以替代原有的 "创新实验室发展路径"，该政策本质还是一种政府资金支持，但是津贴范围扩大到企业风险投资（CVC）实体，资金支持高达合格费用的 50%，上限为每个项目每次 200 万新元。鉴于 CVC 在识别和培育

---

[1]《新加坡金管局未来三年将投入 1.5 亿推动金融科技与创新》，《东方日报》2023 年 8 月 7 日。

下一代初创企业方面的重要性，该项政策将使 CVC 能够提供强有力的指导和支持，帮助初创企业扩大规模并开发有弹性和可行的商业模式。

综上所述，新加坡的科技金融和金融科技发展较早且较为成功，其科技金融和金融科技政策体系与我国具有一定的相似性，对上海具有相当强的借鉴意义。

第四节　对上海在金融与科技融合创新中发挥引领作用的政策建议

在第三节中，我们回顾和总结了国外金融和科创协同发展的成功经验，其中既有来自发达国家和地区的成熟经验，也有经济体量和发展阶段与上海类似的新兴市场国家的对应城市的相关成果。面向未来，在新征程中上海如何发挥自身优势，继续更好地在金融与科技融合创新中发挥引领作用就是我们当下迫切需要认真思考的问题。

一、总体思路

上海在优化科技金融促进产业发展中，应以问题为导向，以深化金融供给侧结构性改革为主线，坚持系统观念，构建包含"四梁八柱"的科技金融促进产业发展的系统性方案，在金融与科技融合创新中发挥引领作用：

（一）促进直接融资和间接融资的协同发展

1. 提高直接融资比重

强化长三角资本市场的功能，建立智能化的企业上市数据库，不断完善数据库功能，实施企业上市梯度培育。

探索发行科技创新企业债券，调整发行人准入门槛、投资者适当性标准，精准支持科创企业债券融资；支持以知识产权质押担保方式发行战略性新兴产业专项债券。

2. 优化间接融资内部结构

引导银行在其绩效考核指标中关注科技企业长期发展，为科技企业提供更多的中长期信贷资金。

利用中央所授予的"浦东立法权"，突破制约投贷联动发展的制度瓶颈，推动建立投贷联动业务差别化的监管考核机制。

（二）加强市场科技金融和公共科技金融之间的协同发展

1. 发挥市场科技金融体系的主体作用

支持银行在知识产权金融、数字产业金融、供应链金融上加强创新，为上海"专精特新"企业开辟信贷绿色通道，推出专属信贷产品。

支持保险公司推广研发费用损失险等科技保险，开发推广知识产权质押融资保险、专利执行和专利被侵犯等新型保险产品。

支持各类金融机构针对特色产业园区的金融需求，"一园一策"，打造全方位、特色化的园区金融服务体系。

2. 发挥公共科技金融体系的协同作用

进一步发挥政策性融资担保对科技产业发展的支持作用。在政策性融资担保贷款规模奖励中，将科技型企业信用贷款占比、中长期贷款占比、首次贷款占比作为考核指标。

进一步发挥政府产业引导基金的协同作用。构建更完整的矩阵式基金体系。在政府产业引导基金中设立以"投早、投小"为特色的新型研发机构专项基金和天使基金，并适当延长子基金运营期限。降低返投比例和放宽返投规定。对基金投资效果较好的，给予一定的投资风险补贴支持。不以单一子基金或单一项目的盈亏作为考核评价依据。提高对基金投资的容错率。根据子基金的实际情况确定差异性的容错率。

进一步发挥国有创投机构的引领作用。加强国有创投机构的市场化运作，健全绩效考核评价体系、激励机制和容错机制。支持基础较好的国资平台打造在国内外具有影响力的国有创投机构。

（三）推进与国家产融合作平台对接和培育产业投资复合型人才

1. 加强与国家产融合作平台对接

加强与工信部正在推进的国家产融合作平台对接，利用该平台的科技创新再贷款、科技产业金融一体化、稳链保供、工业绿色发展等特色专区，引导金融机构精准支持上海科技产业发展。

2. 建立金融机构和政府两支专业"投行队伍"

建立健全政府产业投资人才的激励机制，加强政府部门和国企之间的干部交流，打造一支懂产业、通政策、熟悉市场、擅长谈判、精于资本运作的"政府投行队伍"。支持金融机构选聘专业产业投资人才，打造一支高素质的、市场化的专业"投行队伍"。

（四）深化科技金融体制和机制改革

1. 加强科技金融领导体制建设

推进科技产业金融领导体制建设，加强顶层设计和规划引领，有效整合全市科技金融资源。

2. 加强科技金融工作联系机制建设

建立上海市科委、经信委、金融局之间常态化的科技金融工作联系机制，并加强其与区、街镇、园区的联动，形成全市协同推进科技、产业与金融深度融合的合力。

二、重要举措

上海要通过加快推进科创金融改革试验区建设、促进投资银行的发展、促进私募股权二级市场发展、利用浦东立法权出台《浦东新区金融科技发展条例》等举措，更好发挥在金融与科技融合创新中的引领作用。

（一）加快推进科创金融改革试验区建设

2022 年底，中国人民银行等八部门联合发布《上海市、南京市、杭州市、合肥市、嘉兴市建设科创金融改革试验区总体方案》（以下简称《长三角方案》）。《长三角方案》印发以来，上海积极发挥金融市场完备、金融机构集聚等优势，围绕服务科创企业发展全生命周期，持续推进有关工作。2023 年 9 月，上海正式印发建设科创金融改革试验区实施方案，在推进上海国际金融中心建设领导小组下设科创金融改革工作组，明确相关部门责任和任务分工，统筹推进科创金融改革试验区相关工作。新征程上上海还应加快推进科创金融改革试验区建设，并在长三角的金融与科技融合创新中发挥引领作用。

1. 进一步加大科创金融制度创新力度

一是建议上海通过"监管沙盒"的方式进行创投类贷款试点。创投类贷款充分利用银行的资金优势与基金的投资特长，形成服务于科创企业的金融链。这既能解决科创类基金的募资难点，也能补充完善银行服务科创企业的业务模式，获得超额收益，最终也能使科创企业的融资更加便捷。因此建议上海积极争取中央的支持，通过"双白名单"的形式开展试点，即：一方面，选择科技金融业务开展市场领先、符合科技金融专业经营要求、服务科创企业经验丰富的银行进入"白名单"；另一方面，选择投资业绩和信用良好的私募股权基金也进入"白名单"，然后再通过双方的自由选择进行合作，先行开展创投类贷款试点。同时，出台相应的配套支持政策，如：要求银行开展业务前须向金融监管部门进行报备、一事一议，信贷资金建立专户，专款专用，确保创投类贷款原则上仅支持主要投资于战略性新兴产业早期科创企业的投资基金；支持银行在创投类贷款考核机制上进行转变，延长考核期限，适当提高坏账容忍度。同时建议政府部门出台创投类贷款支持政策，通过建立贷款风险资金池的方式分担商业银行的风险。

二是建议启动认股权综合服务试点。依托上海股权托管交易中心建设集认股权确权存证、登记托管、估值转让、行权注销等一体化综合服务平台，探索服务科创企业的模式创新，促进股权、债权等融资工具的结合。

2. 支持金融科技赋能科创金融

一是建议支持打造金融业等数据要素融合应用平台。通过平台支持金融机构通过大数据、人工智能等技术，综合运用企业、政务、金融等各类数据提高全面评估、精准画像水平，减少对抵押物的依赖，解决银企间信息不对称问题。

二是支持创新科创企业评级方法。鼓励信用评级机构、商业银行制定中小科创型企业评级模型，明确对成长初期企业重点关注前瞻性指标，弱化财务和经营性指标的考量。

3. 强化科创金融法治保障

一是建议利用"浦东立法权"推动完善科创金融相关法律法规政策体系。虽然商业银行法和贷款通则不允许通过银行贷款从事股权投资，但是都有提到"国家另有规定的除外"，这就为上海利用"浦东立法权"在这方面取得突破提供了条件，因此建议上海支持在商业银行从事股权投资方面通过"浦东立法权"取得突破，同时通过立法为商业银行参与股权投资中的合同执行提供法制保障。

二是充分发挥上海金融法院作用。进一步推动上海金融法院与上海各金融要素市场、金融机构的沟通交流，共同围绕上海科创金融改革试验区建设中的法治问题开展深入探讨，提高上海金融法院在科创金融改革试验区建设中的专业保障能力。

（二）促进投资银行的发展

2023 年 10 月 30 日召开的中央金融工作会议提出，"要着力打造现代金融机构和市场体系，优化融资结构，培育一流投资银行和投资机构"。投资银行的发展对科技企业融资具有重要影响，因此上海在推进科技和融合中，要进一步促进投资银行的发展。

1. 完善事前事中事后全流程监管

我国全面推行注册制后，虽然 IPO "堰塞湖" 的状态有所缓解，但是由于市场化退出机制尚未完全成熟，与新上市的公司相比，退出的上市公司数量相对较少，上市公司的退出机制和对于上市公司违规的处罚力度不够，导致部分上市公司从资本市场拿走非法高额收入而没有受到对等惩罚，降低了投资者信心，影响中国资本市场健康发展建设。其中，投资银行在提高上市公司质量和完善上市公司推出机制中发挥重要作用。

建议上海进一步加强事中和事后处罚力度，发挥投资银行的作用，提高上市公司的质量，完善退出机制，丰富多层次资本市场业态，妥善处置退出企业的后续安排，提升退出企业的数量，保持健康的资本市场规模，反向促进 IPO 规模，使得更多优质企业可以选择在 A 股上市。

2. 强化投行业务的价格发现功能

由于我国 IPO 长期处于超额供给状态，使得投行业务的事前服务主要集中在尽职调查而不是价格发现方面。全面注册制实行之后，随着 IPO 规模的不断扩大，这一格局将逐步改变；同时，随着我国人民币国际化进程的不断推进，我国投行业务也存在着对外开放的趋势，面临外资投行进入我国资本市场带来的严峻挑战，因此国内投资银行须不断提升自身的价格发现能力，才有可能在未来的竞争格局中保持有力态势。上海要进一步引导并督促投行回归业务本源，转向研究、价值发现、定价、销售、资本和内部协同能力，有效构建投研、投行、投资 "三投联动" 体系。从理念上和实践中，上海要督促投行部门进一步提升价值发现与定价能力，挖掘企业价值，利用自身的优势和资源，有效传递发行人的投资价值给市场投资者，引导投资者做出合理的投资决策，促进新股发行价格和市场价格的平衡。

3. 督促投行部门加强内控管理

全面注册制的推出，为投行部门带来了新的发展机会。同时，监管放开了投资跟投的限制，也进一步促进了衍生品及创新业态的发展。监管对于投行业务内容审核的降低和投行业务的发展，导致投行部门内控水平受到了挑战。投行业务部门，需要加强质量控制和内控管理，提升业务监管水平，对于创新业务保持审慎态度，加强自查自纠，处理好自身发展与安全之间的关系。建议上海的金融监管部门要督促投行尽责不放松，从制度规则、检查执法、市场约束等方面打出一系列"组合拳"，全面谋划，多措并举，逐步形成对投行的行政监管与市场约束相辅相成的综合监督制约机制。

（三）促进私募股权二级市场发展

目前，上海私募股权二级市场处于发展初期阶段，还存在一些问题：第一，资金规模总体不大，长期出资人群体尚不明确；第二，存量资产体量大，但有效资产比例不高；第三，交易信息透明度不高，缺乏统一的估值体系和信息披露体系；第四，作为国内私募股权二级市场的重要投资方，国有资本及金融机构持有份额的转让需求较大，但因其受限于评估定价及审批流程等因素，转让周期较长，不确定性较高；第五，中介及三方服务机构生态建设尚未成熟。针对这些问题，在借鉴国内外经验的基础上，提出以下建议：

1. 支持国有权益份额参与试点市场交易，提升市场交易活跃度

建议上海争取中央的支持，进一步探索国有权益份额规范化退出的有效方式和途径，扩大国有权益份额参与试点交易的范围；在国有份额评估指导规则的基础上，率先形成上海的国有基金份额商业估值方法论。

2. 强化信息共享机制和平台信息披露制度，解决信息不对称问题

建议一方面，上海落实支持私募股权二级市场发展信息共享机制中的措施，并将区块链、人工智能、大数据等技术应用于基金份额转让领域的监管；另一方面，应强化基金管理人、普通合伙人（GP）在信息披露中的责任，要求在基金管理人与有限合伙人（LP）之间的合伙协议中明确 LP 知情权的具体范围。

3. 加快出台 S 基金、专业中介机构的具体支持政策

建议上海市区两级尽快出台支持 S 基金、专业中介机构"真金白银"的具体措施：一方面，培育专业化的私募股权和创投基金份额二级市场机构投资者，推动央企和地方国企、母基金、保险资管、理财子公司、券商子公司等新设 S 基金或 S 策略机构，引导培育"做市"或者"流动性服务"基金；另一方面，要重点引入第三方估值机构、大数据公司、律所、评估机构、审计机构等成为私募股权二级市场的中介服务机构会员，搭建基金份额匹配交易、尽职调查、估值定价、资金三方存管、见证服务、工商过户等全流程服务体系。

（四）利用浦东立法权出台《浦东新区金融科技发展条例》

目前，我国发展金融科技的主要依据是国务院各相关部委、地方政府等分散制定的相关政策，缺乏与金融科技发展相匹配的系统

化、专门化法律保障。上海推进金融科技中心建设的方式，也主要是以规范性文件的方式。但政策若没有上升为法律，虽然具有较强的灵活性，仍然缺乏稳定性和权威性，无法为金融科技参与者提供明确的指引。

将金融科技中心建设工作纳入到法律法规体系中，远比发布政府公告和指导性政策更具有公信力，更能发挥政府背书的效应。目前全国尚无一例金融科技地方性法规。2021年，全国人大常委会通过了关于授权上海市人大及其常委会制定浦东新区法规的决定。这是全国人大常委会首次授权非经济特区的浦东变通适用国家法律、行政法规，是新时期我国立法制度的重大变革创新。这一立法改革举措意味着，浦东新区可以根据改革创新实践需要，在遵循宪法规定及法律和行政基本规则的前提下，制定浦东新区法规。浦东是上海金融科技发展"重镇"。利用浦东新区授权立法的契机，整合现有的零散规定，研究制定《浦东新区金融科技发展条例》（以下简称《条例》），能够为未来法治促进金融科技发展在全市乃至更大区域的发展提供浦东参考。

1. 通过《条例》推进金融科技监管创新

一是推进金融科技包容性监管。由于金融科技企业起步阶段投入大，无法满足传统金融监管所要求的财务及流动性标准，因此有必要在《条例》提出原则性要求，如可结合金融科技企业的行业实际确定分阶段的财务标准，在初期阶段采取适度宽松的监管标准。

二是推进金融科技创新项目"首违不罚"试点。为鼓励金融科技企业创新，根据公平、公正，处罚与教育相结合的行政处罚原则，对金融科技企业创新项目首次发生的情节轻微、能够及时纠正、未造成危害后果的部分违法行为，依法免予处罚。

三是推进容错免责机制的实施。为了鼓励监管部门大胆创新、先行先试、自主探索上海金融科技的全面发展，建议以浦东新区为试点，引入必要的容错免责机制，按照成熟一个推广一个的思路，再逐步将成功的金融科技创新推广到全市。这方面横琴给上海提供了借鉴。2023年2月8日《横琴粤澳深度合作区发展促进条例》规定："合作区建立容错免责机制。在合作区进行的改革创新未能实现预期目标，但是符合合作区战略定位和任务要求，决策程序符合法律、法规或者有关规定，未牟取私利或者未恶意串通损害公共利益的，对有关单位和个人免于追究相关责任。"[1]

四是推进分类监管。细分综合金融科技赛道、平台技术赋能赛道、财富科技赛道、供应链科技赛道、普惠金融科技赛道、支付科技赛道、保险科技赛道、监管科技赛道等不同子领域，为浦东新区金融科技生态圈发展提供更加精准的监督。

2. 通过《条例》支持金融科技企业发展

一是探索"支持政策＋定制产品"的合作模式，打造专业、特色的金融科技经营模式。如可鼓励上海市相关保险机构研究金融科技企业及其产业链全流程的保险需求，在金融科技业务创新保险、知识产权保险、贷款保证保险等方面加快业务创新。

二是设立金融科技专项奖励。为鼓励浦东新区金融科技企业的研发投入，建议在深化金融科技成果应用、加大新兴技术研发、持续优

---

[1]《〈横琴粤澳深度合作区发展促进条例〉3月1日起施行　最大限度放权　尝试容错免责》,《广州日报》2023年2月9日。

化金融服务方面，借鉴深圳经验，研究制定《上海市金融科技发展专项奖励规则》，对其提供配套奖励。

3. 通过《条例》推动金融科技人才高地建设

一是建议扩大适用临港金融科技扶持政策的适用范围。《中国（上海）自由贸易试验新片区支持金融业创新发展的若干措施》为打造金融科技创新试验港，对于新引进的金融科技公司的奖励措施作了明确规定，同时对人才配套保障和金融创新奖励等也新增了相应的规定。实践中取得了良好的效果，建议在浦东新区金融科技发展促进立法中直接予以引用。

二是降低高端金融科技人才个税负担。高端金融科技人才普遍收入偏高且收入来源种类多样，不少触及45%的最高个税税率，过高的个税税率会抑制高端金融科技人才引进。《加快推进上海金融科技中心建设实施方案》提出，为了培养引进金融科技高端人才，对注册在浦东的金融科技企业，经相关部门推荐后纳入人才引进重点机构，其紧缺急需人才符合条件的可直接落户，其境外高端、紧缺人才个人所得税税负差额部分给予补贴，建议通过《条例》进一步推动该项政策落地。

第三章
上海在金融服务绿色低碳转型中发挥示范作用

　　党的二十届三中全会指出，实施支持绿色低碳发展的财税、金融、投资、价格政策和标准体系，发展绿色低碳产业，健全绿色消费激励机制，促进绿色低碳循环发展经济体系建设。2024 年 5 月，国家金融监管总局印发的《关于银行业保险业做好金融"五篇大文章"的指导意见》明确提出，聚焦"双碳"目标，健全绿色金融体系。其中，要引导银行保险机构积极支持重点行业和领域节能、减污、降碳、增绿、防灾，丰富绿色金融产品和服务。近年来，上海发挥金融资源集聚的优势，在金融服务绿色低碳转型上取得了很大成效。新征程上，上海应继续在金融服务绿色低碳转型上发挥示范作用。

第一节　金融服务绿色低碳转型的重要意义

　　当前，绿色低碳转型已成为国际共识，而作为国民经济的血脉，金融在绿色低碳转型中发挥重要作用。在实现中国式现代化中，我国要充分发挥金融的作用，加快实现绿色低碳转型发展。

一、金融服务绿色低碳转型的重要意义

金融是国民经济的血脉，绿色金融是我国建设金融强国的"五篇大文章"之一。金融在支持我国绿色低碳转型发展中发挥重要作用，成为推动我国绿色低碳转型发展的重要力量。

（一）绿色低碳转型发展的重要意义

绿色低碳发展是一种以低耗能、低污染、低排放为特征的可持续发展模式，对经济和社会的可持续发展具有重要意义。低碳发展是"低碳"与"发展"的有机结合，一方面要降低二氧化碳排放，另一方面要实现经济社会发展。低碳发展并非一味地降低二氧化碳排放，而是要通过新的经济发展模式，在减碳的同时提高效益或竞争力，促进经济社会发展。

当今世界正经历百年未有之大变局，面临国际地缘政治动态、经济复苏艰难、全球能源格局深度调整、多地极端灾害天气频发等诸多问题。但为应对全球气候变化，绿色低碳转型已是国际共识。如世界贸易组织发布的报告认为，清洁能源转型对于实现净零排放目标至关重要，同时也为发达国家和最不发达国家减贫和发展提供了机会。未来，气候融资和清洁能源投资将继续增长。联合国非洲经济委员会在报告中强调，推进工业绿色转型是非洲实现可持续和包容性发展的必由之路和前提条件。非洲的政策制定者应以前瞻性愿景和战略为指导，最大限度地从新兴的低碳韧性经济和能源转型技术等机会中获益。[1]

中国式现代化是人与自然和谐共生的现代化。当前，我国经济社会发展已进入加快绿色化、低碳化的高质量发展阶段，绿色低碳发展不仅是解决我国生态环境问题的治本之策，而且是助推我国产业升级的关键因素。中国通过绿色低碳发展将从多方面为保护地球环境作出贡献，如，降低极端气候事件的发生频率，促进降水分布的均匀，缩小干旱地区的范围，保护南极、北极和高山上的冰川，延缓海平面的上升趋势等。同时，我国正处于以重化工业快速发展为主要特征的工业化中后期阶段，产业结构以高消耗、低效率、重污染的重化工业为主，而低碳要求向具有高附加值、"低碳"的高新技术产业和现代服务业方向发展，这将加快产业结构的优化升级，推动我国产业由"高碳"向"低碳"转型。如近年来随着我国新能源产业的快速布局和发展，中国清洁能源占能源消费总量的比重已接近1/4，新能源产业链和技术创新也持续走在国际前列。通过"能源转型"，不仅大幅减少了化石燃料消耗，降低了温室气体的排放，还改善了生产的结构和形式，把清洁能源的优势最终转化为产品的竞争力。

党的二十届三中全会对健全绿色低碳发展机制作出一系列重大部署，如，实施支持绿色低碳发展的财税、金融、投资、价格政策和标准体系，优化政府绿色采购政策，加快规划建设新型能源体系，建立能耗双控向碳排放双控全面转型新机制，构建碳排放统计核算体系、产品碳标识认证制度、产品碳足迹管理体系等。

---

[1] 李晓红：《加快推进绿色经济发展步伐》，《中国经济时报》2024年7月2日。

（二）金融在服务我国绿色低碳转型中的作用

随着全球气候变化问题的加剧，应对和减缓气候变化的方案和路径受到了政府、企业和社会公众的广泛关注。由于气候变化问题的缓解期面临巨大的投融资需求，金融逐渐成为推动绿色低碳转型的关键力量。作为实体经济的核心和血脉，金融领域承担了引导市场参与主体进入绿色低碳领域的重要功能，为"碳达峰、碳中和"的气候问题缓解目标和高质量发展的经济社会发展目标提供综合化、多元化的金融服务。为了推动金融市场和金融机构减少对高污染、高耗能的企业和居民资产配置，我国逐渐形成了从顶层设计到微观主体行为的一系列绿色低碳转型多元化支持路径。

在顶层设计方面，我国绿色金融体系经历了从部分领域到全面发展、从缓慢启动到快速推进的历程。早期的绿色金融在部分领域展开：2007年，《关于改进加强节能环保领域金融服务的指导意见》拉开我国绿色金融政策制定的大幕，绿色信贷、绿色保险、绿色证券等领域的政策陆续出台；2011年，我国发布《全国环境保护法规和环境经济政策建设规划》，将绿色金融作为推进环境经济政策法制化的重要内容。我国绿色金融体系全面、快速发展的开端始于2015年发布的《生态文明体制改革总体方案》，该方案首次提出了"建立绿色金融体系"的总体目标；2016年，《关于构建绿色金融体系的指导意见》明确提出构建绿色金融体系的重点任务和具体措施，是我国绿色金融体系建设的重要里程碑；2021年，我国发布的《关于完整准确全面贯彻新发展理念做好碳达峰、碳中和工作的意见》提出了"碳达峰、碳中和"新背景下积极发展绿色金融的各项举措。近年来，随着顶层设计的快速和全面发展，我国绿色金融基本形成了以"三大功能"和

"五大支柱"为特征的政策思路：其中，"三大功能"是指绿色金融积极发挥资源配置、风险管理和市场定价功能，"五大支柱"包括绿色金融标准体系、金融机构监管和信息披露要求、激励约束机制、产品和市场体系、国际合作。[1]由此，顶层设计的逐步完善为金融支持绿色低碳转型的可持续性提供了坚实保障。

二、绿色金融产品服务体系构成

金融支持绿色低碳转型发展需要有丰富的绿色金融产品，为绿色低碳转型提供全方位的金融服务。我国的绿色金融产品服务体系是一个传统业务与创新业务并存的多元化体系。按照传统金融工具类型划分，我国绿色金融市场中的主要产品服务包括绿色信贷、绿色直接融资及绿色保险等。由于传统金融工具体量较大、发展较为成熟，因此这些业务在绿色金融业务中占主要地位。在创新业务方面，我国的绿色金融产品服务既包含了传统业务的衍生形式或混合形式，比如绿色基金、绿色资产证券化、绿色并购、绿色供应链融资及绿色 PPP 项目融资等，也包含具备绿色低碳转型特征的创新融资形式，如，特色环境要素权益融资、碳金融和气候金融工具等。

（一）绿色信贷

我国目前的金融市场活动以间接融资方式为主，因而绿色信贷在绿色金融产品体系中具有重要地位。自 2012 年起，我国先后发布了

---

[1] 陈果静：《绿色金融力破堵点难点》，《经济日报》2021 年 11 月 17 日。

《绿色信贷指引》《能效信贷指引》《绿色信贷统计制度》及《绿色信贷实施情况关键评价指标》等多个绿色信贷指导性文件，对商业银行等信贷投放主体形成了有效的约束激励机制。在约束机制上，绿色信贷对绿色低碳转型的支持路径是压缩对非绿色行业和项目的资金供给，并在资金价格上采取高价格歧视政策；在激励机制上，绿色信贷的支持路径则是加大对绿色行业和项目的资金倾斜，并在资金价格方面给予一定优惠。近年来，我国绿色信贷业务发展迅速，根据国家金融监督管理总局所提供的数据，截至 2023 年年底，我国 21 家主要银行绿色信贷余额达到 27.2 万亿元，同比增长 31.7%。[1] 同时，在约束激励机制下，商业银行对绿色信贷的重视程度也逐渐增加，产品类型也逐渐丰富，表 3-1 列出了我国 5 家大型商业银行开发的绿色信贷相关的产品服务。

表 3-1　我国大型商业银行的绿色信贷产品服务

商业银行名称	绿色信贷产品服务内容
工商银行	绿色环境综治提升贷、美丽乡村贷、能效贷款、排污环保专项贷款＋权质押贷、碳保理等
建设银行	节能贷、海绵城市建设贷款、综合管廊建设贷款、碳环保专项贷款母金融、环保益民金融服务、绿色管家服务等
农业银行	美丽乡村贷、五水共治专项贷款、特色小镇建设贷、油茶贷、绿色贷款＋、绿企贷、绿色项目提速贷、排污权质押贷、环境权益抵质押融资贷款等
中国银行	CDM 清洁发展机制融资、未来收益权质押融资项目产品、收益权质押、绿色账户借记卡等
交通银行	合同能源管理融资、未来收益款质押融资、应收账款质押融资、碳排放权交易试点等

资料来源：根据各银行历年社会责任报告整理。

---

[1]　陆敏：《金融支持实体经济质效齐升》，《经济日报》2024 年 2 月 19 日。

在绿色信贷规模快速扩张的背景下，一些研究对绿色信贷的政策效应进行了评估，主要包含对商业银行等金融中介机构以及对实体企业行为的效应。对于前者，丁宁等（2020）发现绿色信贷政策的实施对银行成本效率的净效应呈现 U 型趋势，通过成本效应机制降低银行成本效率，但同时也因其信贷风险管理的改善和声誉的提升对银行成本效率产生正向影响。而对于后者，一些研究指出，绿色信贷政策使得重污染企业的债务成本显著上升且经营绩效大幅下滑，加剧了高污染企业的退出风险，通过市场再配置促进了整体绿色低碳转型（苏冬蔚和连莉莉，2018；陆菁等，2021）；但也有研究指出，相对于非绿色信贷限制行业，绿色信贷限制行业的绿色创新表现更加活跃（王馨和王营，2021）。总体来看，绿色信贷发展的确促使我国金融机构和金融市场减少了对高污染、高排放、高能耗资产的配置。

（二）绿色直接融资

与绿色信贷等间接融资方式不同，绿色直接融资是指实体企业通过绿色股权融资、绿色债权融资等方式获取资金，本质上是绿色低碳转型导向与传统直接融资工具的结合。

绿色股权融资在我国的发展主要体现在股票市场的准入管理和在位管理两方面。准入管理方面，绿色股权融资的主要支持路径是限制非绿色实体企业进入股票市场，这一点我国起步较早，自 2003 年开始陆续发布了《关于对申请上市的企业和申请再融资的上市企业进行环境保护核查的通知》《关于进一步规范重污染行业经营公司申请上市或再融资环境保护核查工作的通知》及《关于加强上市公司环保监管工作的指导意见》等规范性文件，有效抑制了可持续性发展能力较低企业的进入。在位管理方面，已经上市的实体企业需要按照监管要求进行环境信息披露，这使得投资者和社会公众的监督机制发挥作用，促使上市公司采取具有持续性的绿色低碳发展方式。此外，我国还设立了绿色股票指数来引导资金投入到绿色低碳转型主题的股票证券，这一方式直接或间接地提高了相关上市公司的估值，使这些企业在资本市场中能够处于有利地位。我国早在 2008 年就已发布了第一支绿色股票指数"上证公司治理指数"，为市场参与者对绿色发展相关的研究和投资行为提供了有效工具。

以绿色债券为主的绿色债权融资是绿色直接融资的另一个主要形式。我国绿色债券市场近年来发展速度较快，发行数量和规模快速提升，总体呈现出发行品种趋于多元化、发行利率较低和发行期限较长的特征。具体而言，2018 年之前我国绿色债券市场中的金融债规模占比超过 50%，在此之后，公司债、企业债、中期票据及资产支持证券（ABS）等其他形式绿色债券品种的发行规模逐渐增加。[1]我国对绿色债券市场发展提供了政策支持。2015 年，我国发布了《绿色债券发行指引》和《绿色债券支持项目目录（2015 年版）》，适用范围包含节能减排技术改造、绿色城镇化、能源清洁高效利用、新能源开发利用、循环经济发展、水资源节约和非常规水资源开发利用、污染防治、生态农林业、节能环保产业、低碳产业、生态文明先行示范实验及低碳试点示范等领域的项目；2017 年，我国发布了《关于支持绿色债券发展的指导意见》，进一步对绿色公司债的发行主体、资

---

[1]　徐高、曹建海：《"双碳"背景下我国绿色债券发展研究》，《当代经济管理》2021 年第 10 期。

金用途和信息披露等行为作出了规定。此外，与绿色股票指数类似，我国于 2023 年发布了绿色债券指数。该指数以一定样本范围内的价格数据为基础，旨在反映绿色债券市场的综合行情表现。这一指数的发布统一表征了绿色债券市场的价格走势，为投资决策提供业绩基准参考和权威可投白名单，精准引导资金投向绿色低碳领域，同时也提升了我国绿色债券市场的国际影响力。

（三）绿色保险

随着环境和气候问题的加剧，世界范围内极端天气事件和自然灾害事件的数量逐渐增加，对企业、社会和居民造成了巨大的经济和社会损失。绿色保险应运而生，相应的产品服务能够提供更好的风险管理和经济保障，降低气候变化和环境风险带来的损失。近年来，我国对绿色保险发展的规范运营提供了政策支持。2022 年我国发布的《银行业保险业绿色金融指引》对保险机构支持绿色低碳发展的目标责任作出了规定，即结合自身经营范围积极开展环境保护、气候变化、绿色产业和技术等领域的保险保障业务及服务创新，开发相关风险管理方法、技术和工具，为相关领域的生产经营者提供风险管理和服务，推动保险客户提高环境、社会和治理风险管理意识，根据合同约定开展事故预防和风险隐患排查。进一步地，2023 年我国发布了《绿色保险分类指引（2023 年版）》，通过明晰定义、细化类别、列示产品、构建指标等方式，为保险公司体系化地推进绿色保险工作提供了行动方案，这一文件在具体操作层面对绿色保险产品服务、保险资金绿色投资和保险机构绿色运营作出了指引和规范。

从发展现状看，我国绿色保险产品服务的起步相对于发达国家较晚，但近年来的发展速度较快，其中，一个发展特点是险种数量增加。从表3-2可以看出，长期以来我国绿色保险以环境污染强制责任保险为主，各地方政府也通过出台地方法律法规、开展环境污染责任保险试点等形式扩大覆盖面；随着气候和自然灾害问题种类的细分化，各省（市、自治区）也根据当地的生态环境状况开发了具有特色的绿色保险产品服务。我国绿色保险产品服务发展的另一个特点是市场规模扩大：具体而言，来自中国保险业协会的数据显示，2023年上半年我国绿色保险的保费收入达到1159亿元；截至2023年6月末，保险资金投向绿色发展相关产业余额达到1.67万亿元，同比增长36%。[1]尽管如此，我国绿色保险仍面临较大的挑战：一是包括信息披露标准、行业标准在内的法律法规亟待构建和完善；二是我国绿色保险的意识相对薄弱，市场主体参与积极性较低；三是绿色保险行业面临结构性挑战，风险管理能力不足；四是绿色保险历史数据缺乏，数据共享机制欠缺。

表3-2　我国部分省（市）的绿色保险产品服务

省（市）名称	绿色保险产品服务内容
北京市	环境污染强制责任保险、森林保险、光照气象指数农险、蜂业气象指数保险、太阳辐射发电指数保险、绿色建筑性能责任保险等
上海市	船舶污染责任保险、油污责任保险、危化品安全责任保险、耕地地力指数保险、蔬菜气象指数保险、葡萄降水量指数保险等
河北省	环境污染强制责任保险、森林保险、农业大灾保险、冬枣气象指数保险、水产养殖气象指数保险、板栗干旱气象指数保险、风力发电指数保险等

[1]　于泳：《规范构建绿色保险发展路径》，《经济日报》2023年10月17日。

（续表）

省（市）名称	绿色保险产品服务内容
江苏省	环境污染强制责任保险、船舶污染责任保险、森林保险、农业大灾保险、气象指数保险、大闸蟹气温指数保险、池塘水产气象指数保险等
浙江省	安全生产和环境污染综合责任保险、森林保险、巨灾保险、生猪保险、茶叶气象指数保险、大黄鱼养殖气象指数保险等
湖北省	环境污染强制责任保险、森林保险、碳保险、农业大灾保险、水稻高温天气指数保险、杨梅采摘期降水气象指数保险、小龙虾天气指数保险等
湖南省	环境污染强制责任保险、森林保险、公益林保险、农业大灾保险、农业气象保险、杨梅降雨气象指数保险等
四川省	环境污染强制责任保险、森林保险、农业大灾保险、生猪保险、蔬菜价格指数保险等
福建省	法国开发署 AFD 绿色中间贷款、国际金融公司 IFC 能效贷款、亚洲开发银行 ADB 建筑节能贷款、排污权抵押融资、国际碳 CDM 保理融资等

资料来源：根据各省（市）生态环境局官方网站资料整理。

（四）碳排放权交易

碳排放权交易也被称为"碳交易"，是通过市场配置将环境负外部性内部化的一种尝试。与上述将绿色低碳发展与传统金融工具结合的业务不同，碳排放权交易是绿色金融产品服务体系中特有的重要创新。碳排放权交易的产品包括碳原生品（比如碳排放权配额交易和项目减排量交易）和碳衍生品（比如碳远期、碳期权、碳期货、碳掉期和碳回购等）。碳排放权配额是指企业在一定时期内取得的经过核定的排放温室气体的总量，当企业实际排放量较多时，超出部分需在碳交易市场上购买，反之结余的部分则可在碳交易市场上出售。在我国，碳配额分配方案通常采用基准法和历史强度法：采用基准法行业的产品相对一致，因此可以统计和计算整个行业单位产品的碳排放量情况，并设置一相对较高水平的数值作为基准值；而历史强度法则是基于某一企业的历史生产数据和排放量，计算其单位产品的排放情况，并以此为基数逐年下降。另外，项目减排量在我国的实现形式为国家核证自愿减排量（Chinese Certified Emission Reduction，CCER）。以此为基础的交易机制来源于国家发改委于2012年发布的《温室气体自愿减排交易管理暂行办法》，该减排量可以用于控排企业的履约用途，也可以用于企业和个人的自愿减排用途；2023年，我国修订这一文件，并形成《温室气体自愿减排交易管理办法（试行）》，从自愿减排项目审定与登记、减排量核查与登记、减排量交易、审定与核查机构管理等环节，规定了温室气体自愿减排交易及其相关活动的基本管理要求，明确了各市场参与主体权利和责任。

我国碳排放权的交易方式经历了从国际依赖走向独立自主、从试点施行走向全面实施的过程。在较早时期，我国的碳交易市场依托于国际碳市场，在2005年到2012年期间参与碳排放权交易的唯一方式是通过清洁发展机制（Clean Development Mechanism，CDM），需要通过注册项目完成碳排放权交易。从2013年开始，我国的碳排放权交易试点工作逐步落地，湖北、广东等八个省市先后成为试点地区；2014年，国家发改委发布了《碳排放权交易管理暂行办法》，针对交易标的物、交易范围、交易规则等内容作出明确规范；2021年，生态环境部发布了《全国碳排放权交易管理办法（试行）》，规定了全国范围内参与碳排放权交易的重点排放单位以及交易方法，由此我国的碳排放权交易进一步走向全国实施阶段。近年来，我国碳排放权交易发展迅速，市场活跃度也大幅提升。全国碳排放权交易市场 2021、2022 年度配额发放量分别为 50.96 亿吨、51.04 亿吨，经核查的实际排放量（应清缴配额量）分别是 50.94 亿吨、50.91 亿吨，分别盈余 147 万吨、1298 万吨，占配额发放总量的 0.03%、0.25%；截至 2023 年底，全国碳排放权交易市场碳排放配额累计成交量 4.42 亿吨，累计成交额 249.19 亿元，其中，第二个履约周期碳排放配额累计成交量 2.63 亿吨，累计成交额 172.58 亿元。[1] 尽管如此，目前我国碳排放权交易市场的发展还不够成熟，主要表现为碳市场价格存在较大波动，难以形成相对稳定的价格信号，以及大多数企业参与碳交易的目的是完成履约，造成市场活跃度较低、流动性不足等特征。因此，我国碳排放权交易市场的可持续发展需要增加市场参与主体，引入更多的行业和企业参与碳交易，以扩大市场规模、提高市场活跃度；此外，与国际碳交易市场接轨、吸取国际碳交易市场的成功经验也是可取的发展方向，这有助于通过国际合作来提高我国碳交易市场的国际竞争力。

第二节　金融服务绿色低碳转型的上海实践

近年来，上海积极推动经济绿色低碳转型，加快打造国际绿色金融枢纽，在绿色金融发展规划、绿色金融市场建设、绿色金融政策创

---

[1]　生态环境部：《全国碳市场发展报告（2024）》，中华人民共和国中央人民政府网，2024 年 7 月 30 日。

新、绿色金融国际合作上都取得了较大进展。

一、绿色金融发展规划的上海实践

上海十分重视规划对绿色金融发展的引导作用，在《上海国际金融中心建设"十四五"规划》的基础上，出台了《上海加快打造国际绿色金融枢纽服务碳达峰碳中和目标的实施意见》，并且相继出台了金融服务绿色低碳转型的一些政策法规。

（一）对绿色金融发展进行规划

2021年发布的《上海国际金融中心建设"十四五"规划》指出了率先探索绿色金融发展有效途径的必要性，提出了金融服务绿色低碳转型的详细举措，主要包括依托市场优势支持绿色低碳发展、丰富绿色金融创新产品、支持绿色金融专业服务机构发展、探索气候投融资试点、优化绿色金融支持政策等五个方面。围绕国家绿色金融体系构建的总体要求和上海国际金融中心建设的发展要求，上海在国际金融中心建设"十四五"规划中设立了"国际绿色金融枢纽"的顶层设计目标。

2021年，《上海加快打造国际绿色金融枢纽服务碳达峰碳中和目标的实施意见》明确了上海绿色金融发展的更为具体的目标，指出"到2025年，上海绿色金融市场能级显著提升，绿色直接融资主平台作用更加凸显，绿色信贷占比明显提高，绿色金融产品业务创新更加活跃，绿色金融组织机构体系进一步完善，形成国际一流绿色金融发展环境，对全国绿色低碳发展的支撑更加有力，在全球绿色金融合作中的角色更加重要，基本建成具有国际影响力的碳交易、定价、创新中心，基本确立国际绿色金融枢纽地位"。围绕目标，《上海加快打造国际绿色金融枢纽服务碳达峰碳中和目标的实施意见》还提出了七大类共 24 项举措：一是加强绿色金融市场体系建设，发展碳金融市场，支持资本市场更好服务产业绿色转型升级，推动建立金融市场 ESG 信息披露机制；二是创新绿色金融产品业务，优化绿色信贷服务，大力发展绿色债券，促进绿色和可持续发展领域投资，创新绿色保险产品；三是健全绿色金融组织机构体系，推动金融机构绿色转型，支持在沪设立绿色金融专业组织机构，支持绿色中介服务机构发展；四是强化绿色金融保障体系，建设绿色项目库，建设完善绿色金融信用体系，探索完善绿色金融标准体系；五是加大金融对产业低碳转型和技术创新的支持力度，推动产业结构低碳转型，支持绿色低碳技术研发、推广和应用；六是深化绿色金融国际合作，提升上海绿色金融国际化水平，加强与国际金融组织在绿色金融领域的合作，促进绿色金融国际交流，积极推动气候投融资国际合作；七是营造良好绿色金融发展环境，建设上海绿色金融改革创新试验区，健全绿色金融发展支持配套机制，加强绿色金融人才培育，建立健全碳普惠体系，构建绿色金融风险监测防范机制。[1]

（二）相继出台金融服务绿色低碳转型的政策法规

在部分区域和行业层面，金融服务绿色低碳转型的政策法规也相

---

[1] 陈佩珍：《上海推出 24 条举措打造绿色金融枢纽，有何亮点？》，澎湃新闻，2021 年 10 月 21 日。

继出台，为上海国际绿色金融枢纽的建设提供了具体的实施方案。

首先，在区域层面，浦东新区于 2022 年制定了《上海市浦东新区绿色金融发展若干规定》，这也是浦东立法权在金融法律法规领域的首次尝试，也是制定国家绿色金融标准配套制度和补充性绿色金融地方标准的率先尝试；又比如，虹口区于 2022 年发布了《虹口区促进碳金融产业发展的实施意见》，提出了鼓励碳金融类企业和功能性机构落户的激励型政策。

其次，在行业层面，上海多部门于 2023 年联合制定了《上海银行业保险业"十四五"期间推动绿色金融发展服务碳达峰碳中和战略的行动方案》，指出金融行业层面的发展目标，即"到 2025 年，上海银行业保险业将基本建成与碳达峰相适应的绿色金融生态服务体系，形成一批绿色金融行业标杆；绿色金融综合服务效能不断提升，预计绿色融资余额突破 1.5 万亿元，绿色保险、绿色债券、绿色基金、绿色信托、绿色资管、绿色租赁等业务稳健发展；绿色金融创新能力不断提高，形成绿色金融可复制可推广的上海方案"，并在此基础上提出了八大类共 30 项重点任务：一是积极部署绿色金融发展战略：健全绿色金融发展规划，制定绿色运营行动方案；二是加快完善绿色金融推进机制：建立绿色金融组织体系，优化绿色金融资源配置，完善绿色金融管理流程，开发绿色金融专业系统；三是全力服务重点领域绿色发展：推进重点行业绿色发展，推进重点企业绿色改造，推进重点区域绿色建设，推进绿色科技发展，推动绿色生活方式构建；四是主动深化绿色金融创新实践：推动绿色信贷产品和服务创新，拓宽绿色融资渠道，丰富绿色保险产品和保障体系，探索碳金融市场服务创新；五是深入探索绿色金融合作模式：推进绿色金融跨部门协作，推进绿色金融银行业保险业合作，推进绿色金融产学研联动，推进绿色金融区域合作和绿色金融国际合作；六是持续健全绿色金融风险防控体系：建立健全 ESG 风险管理体系，完善对客户的环境、社会和治理风险管理，加强绿色金融风险管理，运用保险工具进行环境风险管理；七是逐步推动绿色金融标准体系建设：建立对标国际的 ESG 信息披露机制，完善绿色金融标准体系，推动建立碳金融评价标准体系；八是营造良好绿色金融发展外部环境：积极推动绿色项目库建设。发挥行业协会协调服务作用，加强同业互促与宣贯交流。[1]

除此之外，金融领域以外的上海各政府部门也依据各自领域在支持绿色低碳转型方面的重点任务，制定了政策法规（如表 3-3 所示），进一步完善了上海绿色金融体系顶层设计的框架。

表 3-3　上海相关政策文件关于金融服务绿色低碳转型的表述

文件名称	关于金融服务绿色低碳转型的表述
上海市碳达峰实施方案	积极发展绿色金融。依托国际金融中心建设，充分发挥要素市场和金融机构集聚优势，加快建立完善绿色金融体系，深入推动气候投融资发展，引导金融机构为绿色低碳项目提供长期限、低成本资金。提高高碳项目的融资门槛，严控对不符合要求的"两高一低"项目提供金融支持。建立绿色项目库，鼓励银行业积极开展绿色贷款业务，开辟绿色贷款业务快速审批通道，将绿色贷款占比纳入业绩评价体系。大力发展绿色债券，支持符合条件的绿色企业上市融资、挂牌融资和再融资。鼓励社会资本以市场化方式设立绿色低碳产业投资基金。有序推进绿色保险服务，围绕安全降碳需要，加大金融产品创新力度，助力低碳技术推广和产业绿色低碳转型

---

[1] 郝亚娟、张荣旺：《〈上海绿色金融行动方案〉：对标国际 ESG 信息披露机制，推动建立碳金融评价标准体系》，《中国经营报》2023 年 1 月 11 日。

（续表）

文件名称	关于金融服务绿色低碳转型的表述
上海市减污降碳协同增效实施方案	加快建立完善绿色金融体系，深入推动气候投融资发展，鼓励浦东新区先行先试推动绿色金融改革创新，积极推动《上海市浦东新区绿色金融发展若干规定》中相关环境污染责任保险规定落地实施。鼓励金融机构加强绿色金融产品服务，扩大绿色债券、绿色信贷等规模，用好碳减排支持工具等结构性货币政策工具，支持协同控制项目。推动国家绿色发展基金等国家级投资基金对本市协同控制项目加大支持力度
上海市适应气候变化行动方案（2023—2035年）（征求意见稿）	强化绿色产融合作。推进气候投融资试点工作，研究建立适应气候变化项目评价机制，逐步形成适应气候变化投融资项目库，拓宽金融工具支撑范围。鼓励发展可持续发展挂钩债券、巨灾保险、重点领域气候风险保险等创新型产品。鼓励开展适应气候变化工作信息披露，完善多元化资金支持适应气候变化工作机制。加快研究制定转型金融标准，推动金融体系对适应气候变化做出系统性响应。支持世界银行、亚洲开发银行、亚洲基础设施投资银行、金砖国家新开发银行等为绿色项目提供投融资和技术服务
上海市财政支持做好碳达峰碳中和工作的实施意见	支持加快打造国际绿色金融枢纽，发挥上海国际金融中心服务辐射功能。支持建立完善碳排放权、排污权等交易市场体系。支持优化绿色信贷服务，鼓励银行业金融机构提升绿色信贷规模和占比、开展绿色金融产品业务创新，强化对绿色项目的信贷服务支持。支持发行地方政府债券用于绿色低碳项目。深化绿色金融国际合作，支持与国际金融组织开展在绿色金融领域的合作

二、绿色金融市场建设的上海实践

在绿色金融市场建设中，上海一方面推进绿色金融服务平台建设，为绿色金融市场夯实基础；另一方面，大力推进绿色直接融资市场和碳排放权交易市场建设。

（一）绿色金融服务平台建设

2024年1月11日，上海绿色金融服务平台正式成立，这标志着上海国际金融中心又增添了一个重要基础设施。该平台围绕金融服务经济绿色低碳转型的发展要求，重点打造绿色信息服务、绿色金融供给、绿色产业识别、绿色项目服务、智能分析和预警等五大功能。其中，在绿色项目库建设上，绿色金融服务平台主要功能是运用金融科技工具，探索绿色项目要素智能识别、环境风险自动审核和分类标识及时认定，以着力解决什么是绿色项目、绿色项目在哪里以及绿色项目如何得到金融支持等问题。在该平台正式上线时，整合本市企业政府公共数据、市场化数据和金融数据，归集了约8.4亿条金融数据信息；13家银行签署入驻绿色金融服务平台协议，完成首批入库项目11个，涉及海上风力发电、太阳能发电、污水处理等5个绿色行业领域，促成项目融资35.81亿元。[1]

在我国其他地区，绿色金融服务平台的建设已经先行取得一定成果。经不完全统计，近年来，江苏、浙江（湖州、衢州）、广东（深圳）、广西（南宁）、甘肃（兰州）及辽宁（沈阳）等地陆续开启建设与自身发展特征相适应的绿色金融服务平台，并开发了内容丰富的功能，其共性特征是注重产品库和项目库的建设，且注重产品服务的本土化。绿色金融服务平台建设具有可以容纳多种绿色金融产品和服务的优点，可以为实体企业提供多元化的融资方案选择，是有效的金融市场基础设施。纵观国内，包括上海绿色金融服务平台在内的绿色金

---

[1]　谢卫群、张研吟：《上海绿色金融服务平台正式上线，首批11个项目入库》，《人民日报》2024年1月12日。

融服务平台建设仍处于起步阶段，在未来发展方向上还有几点亟待完善：一是需要加强金融科技的运用，以此来更准确地识别和匹配金融机构和实体企业，提高金融市场运行效率；二是需要推进绿色标准认定上的互联互通，当前 ESG 评级体系种类繁多的背景下，绿色标准不统一可能会助长企业的"绿色寻租"行为，因此破除市场标准壁垒需要地区间的协同合作；三是配套服务多样性有待进一步开发，比如绿色财税补贴、法律法规服务等功能，综合性功能的提高有助于提高金融机构和实体企业参与的活跃度。

（二）绿色直接融资市场建设

作为直接融资的重要交易场所，上海证券交易所于 2022 年发布了《上海证券交易所"十四五"期间碳达峰碳中和行动方案》（以下简称《行动方案》），以促进资本市场为实体产业的绿色低碳转型提供支撑和动力。按照直接融资工具类型划分，上海绿色直接融资市场的建设主要围绕绿色股权融资和绿色债权融资展开。

绿色股权融资方面，上海证券交易所早在 2008 年就已经制定《上市公司环境信息披露指引》。长期以来，我国上市公司存在信息披露覆盖度较窄的问题，比如 2020 年，600 余家在上海证券交易所上市的公司发布了社会责任报告，但披露比例仅有 33%。因此，近年来，促进上市公司环境信息披露是上海证券交易所的重要工作，主要举措包括在科创板等板块的企业上市规则中专门设立"社会责任"章节、利用现有信息服务平台引导股权融资企业关注 ESG 和绿色发展等。2023 年，上海证券交易所共 1023 家上市公司披露 2022 年度社会责任报告、ESG 报告或可持续发展报告，披露率达到 47%，披露数量和占比均创新高。[1]

　　绿色债权融资方面，近年来上海绿色债券品种日益丰富，资金投向基本涵盖各类绿色项目，节能减排效益显著。2016 年，上交所发布了《关于开展绿色公司债券试点的通知》，正式启动绿色公司债券试点工作。在绿色债券品种创新方面，上海已发行的绿色债券中涵盖绿色项目收益专项公司债、可续期绿色公司债、绿色熊猫公司债、创新创业可转换绿色公司债，以及可持续发展资产支持证券等多个创新品种。在债券市场结构上，根据《2023 长三角绿色债券发展报告》所提供的数据，2022 年上海发行的绿色债券以金融债券和资产证券化债券为主，共发行"投向绿"债券 87 只，规模 1152.65 亿元，以及"贴标绿"债券 69 只，规模 799.85 亿元[2]。除了绿色债券以外，绿色资产证券化作为重要的债权融资工具也广受关注。2022 年，上交所发布《上海证券交易所资产支持证券挂牌条件确认规则适用指引》，并在《行动方案》中指出推进绿色资产证券化发展的系列措施，包括研究推进可再生能源项目资产证券化产品发展、推动绿色节能减排项目应收账款等证券化、推进公募 REITs 业务绿色发展等。

---

[1] 汪陈晨：《事关 A 股公司 ESG 评级，可持续发展报告指引 5 月 1 日起实施》，《南方都市报》2024 年 4 月 14 日。

[2] 其中，"投向绿"是指募集资金投向符合中国人民银行《绿色债券支持项目目录（2021）》、国际资本市场协会（ICMA）《绿色债券原则，2021》、气候债券组织（CBI）《气候债券分类方案》这三项绿色债券标准之一，且投向绿色产业项目的资金规模在募集资金中占比（或发行人绿色产业收入在主营收入占比）不低于贴标绿债规定要求的债券；而"贴标绿"债券则是指经监管机构认可发行的绿色债券，募集资金主要用于解决气候变化的资产或项目。

（三）碳排放权交易市场建设

　　碳排放权交易是通过市场机制控制和减少二氧化碳等温室气体排放、助力积极稳妥推进碳达峰、碳中和的重要政策工具。上海碳排放权交易市场建设起步较早。2011 年，国家发改委明确 7 个省市开展区域碳排放权交易试点，上海是其中之一；2013 年，上海碳排放权交易在上海环境能源交易所开市，这标志着上海碳排放权交易试点从研发阶段开始跨入运行操作阶段。经过十多年的发展，上海碳排放权交易市场成效明显：纳管企业完成 2022 年度碳排放配额清缴，创造连续 10 年 100% 履约的纪录；截至 2023 年年底，上海碳排放权交易市场已吸引 1860 多家单位开户交易，现货品种累计成交量达 2.4 亿吨，累计成交额 42.22 亿元，国家核证自愿减排量（CCER）成交量稳居全国第一。[1]

　　随着碳排放权交易市场活跃度的增加，我国开始在全国范围内开展碳排放权交易。2017 年，国家发展和改革委员会发布了《全国碳排放权交易市场建设方案（电力行业）》，标志着中国碳排放权交易体系完成了总体设计，并正式启动。2021 年，全国碳排放权交易市场在上海环境能源交易所正式上线，启动交易。同时，市场制度的建设也在逐步完善：2020 年，生态环境部发布了《碳排放权交易管理办法（试行）》，明确了有关全国碳市场的各项定义，对重点排放单位纳入标准、配额总量设定与分配、交易主体、核查方式、报告与信息披露、监管和违约惩罚等方面进行了全面规定；2024 年，国务院发布

---

[1]　陈玺撼：《上海碳市场开市十年，累计交易量交易额呈增长态势》，《解放日报》2024年 1 月 29 日。

了《碳排放权交易管理暂行条例》，总结了碳排放权交易的实践经验，通过全流程管理重点构建了碳排放权交易的基本制度框架，为全国碳排放权交易市场运行管理提供更为明确的法律依据。全国碳排放权交易市场在上海的落户运行，大大提高了上海在全球碳排放权交易市场定价中的地位，对上海国际绿色金融枢纽的建设目标形成了重要助推力。经过多年发展，上海已经构建了一套制度清晰的碳排放权交易体系，同时碳基金、碳质押、碳配额远期等创新产品也有序发展。

【案例】上海清算所支持首批可持续发展挂钩债券发行登记

2021年，上海清算所支持国电电力发展股份有限公司、中国华能集团有限公司、中国长江电力股份有限公司、大唐国际发电股份有限公司、陕西煤业化工集团有限责任公司、广西柳州钢铁集团有限公司、红狮控股集团有限公司7家发行人，成功发行首批可持续发展挂钩债券（Sustainability-Linked Bond，SLB），总发行规模为73亿元。上述债券挂钩的可持续发展指标包括单位产值能耗值、再生能源装机容量、污染物排放量等绿色减排目标。

可持续发展挂钩债券是在碳达峰、碳中和总体框架下，助力高碳行业绿色低碳转型的又一创新举措。发行人设定可量化的可持续发展关键绩效目标及完成时限，并由第三方机构对完成情况进行验证，若未及时完成关键绩效目标，则按照债券条款约定对利率、期限或规模等要素进行调整。与绿色债券不同，可持续发展挂钩债券对募集资金用途无特定要求，其债券结构设计有利于激励发行人绿色低碳转型，通过市场化约束机制助力企业实现可持续发展目标。首批发行人集中在电力、钢铁、煤炭、水泥等高碳行业，将可持续发展目标与债券的票面利率、兑付等条款挂钩，明确未完成目标将触发票面利率提升、提前赎回等条款。

【案例】上海碳市场落地首批次回购交易业务

上海环交所在承担全国碳市场建设和运行工作、深耕上海碳市场发展的同时，积极探索各类碳金融业务创新，为上海碳市场参与者提供更加丰富多样的碳资产流动性管理与融资工具。2023年以来，上海环交所稳步推进碳回购业务体系建设：2023年9月，上海市生态环境局正式批复上海环交所开展碳回购业务；2023年11月，上海环交所正式向社会公开发布碳回购业务规则。同时，上海环交所开发了碳回购业务模块，实现碳回购业务全流程电子化并与碳现货交易主系统无缝对接。2024年，上海环交所正式推出上海碳市场回购交易业务（以下简称"碳回购业务"）。

　　碳回购业务是指交易的一方（初始卖出方）将持有的产品卖给另一方（初始买入方）的同时，约定在未来某一日期再由初始卖出方以约定价格从初始买入方购回该笔产品的交易行为。碳回购业务上线以来受到广泛关注，市场主体踊跃参与。共计 10 家会员机构及企业于首批次达成 7 笔碳回购业务。此外，上海环交所与太保产险合作探索碳资产回购保险，为申能碳科和中信证券、中金公司之间达成的碳回购业务提供了碳资产回购业务履约保证保险。

　　同时，为加强碳回购业务风险管理，上海环交所为市场参与者提供多样化的风险管理措施。上海环交所对碳回购业务实行审慎的业务资格管理，碳回购业务参与者应具备上海环交所会员资格；考虑到上海市碳普惠减排项目或减排场景开发主体一般不具备上海环交所会员资格，但又是上海市碳普惠减排量原始持有者，因而可直接作为上海碳普惠减排量的初始卖出方参与碳回购业务，以便有效支持实体企业的融资行为。此外，上海环交所提供了冻结产品、冻结保证金和监控履约保障比例等三种可选的风险管理措施，碳回购业务交易双方可以根据实际情况，自行协商选择其中一种或多种风险管理措施；同时，碳回购业务交易双方还可以在碳回购业务协议中约定其他形式的风险管理措施。

三、绿色金融政策创新的上海实践

作为"改革开放排头兵、创新发展先行者"的上海，浦东新区在绿色金融政策创新上排在上海各区的前列。同时，上海也积极在长三角区域推动绿色金融政策协同创新，实现一体化高质量发展。

（一）浦东新区创新实践

2021年，我国发布了《关于支持浦东新区高水平改革开放打造社会主义现代化建设引领区的意见》（以下简称《引领区意见》），指出浦东新区要打造上海国际金融中心核心区，强化服务实体经济能力，成为全球资源配置的功能高地。2022年出台的《上海市浦东新区绿色金融发展若干规定》（以下简称《若干规定》）是我国绿色金融地方立法的重要创新。《若干规定》主要遵循以下立法思路：一是围绕《引领区意见》赋予浦东新区的金融改革任务，基于产业绿色低碳转型发展需求，将文件明确的事项作为立法重要依据，完善政策支持体系；二是将绿色金融改革创新实践固化入法，推动绿色金融产品和服务在浦东新区先行先试，增强全球金融资源配置能力；三是坚持问题导向，围绕国家金融管理部门绿色金融政策落地的法律障碍，对标国际先进做法，对现有规定进行变通和创制。

除了地方立法制度上的创新以外，浦东新区在绿色金融政策试点上也具有引领作用。作为全国首批气候投融资试点地区之一，浦东新区于2023年成立了气候投融资促进中心，这标志着气候投融资工作基本框架的初步建构。在气候投融资的具体工作上，浦东新区将构建气候投融资标准体系，形成可与国际标准体系衔接的浦东新区气候投融资标准体系，同时建立"减缓气候变化类项目"和"适应气候变化类项目"分类分级项目库（相应的入库标准如表3-4所示），建设产融对接平台，积极推进气投项目与金融产品的对接，重点推进碳金融产品创新，力争打造服务长三角及国家级的专业化气候投融资平台。目前，浦东新区已经推进一批绿色金融全国首创项目落地，具体包括全球首批绿色双币种明珠债、全国首创 ESG 外币回购业务、全国首单碳资产回购履约保证保险，涵盖了信贷、保险、证券、非银、基础设施 REITs、融资租赁、金融科技、价格指数等众多领域，支持了光伏、储能、低碳制氢、碳普惠、绿色建筑、绿色工厂等众多实体产业领域，既有服务浦东本区域的项目，也有服务全市、长三角甚至国际层面上的"一带一路"绿色转型的重点项目。

表3-4　气候投融资试点入库项目范围及类型

项目类型	项目类别	项目描述
减缓气候变化类项目	低碳产业体系类项目	包括低碳工业、低碳农业、低碳建筑及建筑节能、低碳交通、低碳服务、低碳供应链服务等
	低碳能源类项目	以可再生能源利用为主
	碳捕集、利用与封存试点示范类项目	包括二氧化碳驱油技术应用，直接空气碳捕集与封存、生物质能碳捕集与封存等项目
	控制非能源活动温室气体排放类项目	包括减少甲烷逃逸排放、生产过程碳减排、控制氢氟碳化物、废弃物和废水处理处置等
	增加碳汇类项目	包括森林碳汇、生态系统及其他碳汇项目等

（续表）

项目类型	项目类别	项目描述
适应气候变化类项目	气候变化监测预警和风险管理类项目	包括完善气候变化观测网络、强化气候变化监测预测预警、加强气候变化影响和风险评估、强化综合防灾减灾等
	提升自然生态系统适应气候变化能力类项目	包括水资源、陆地生态系统、海洋与海岸带等
	强化经济社会系统适应气候变化能力类项目	包括农业与粮食安全、健康与公共卫生、基础设施与重大工程、城市与人居环境、敏感二三产业等

资料来源：《气候投融资试点地方气候投融资项目入库参考标准》，浦东新区政府。

　　总结来看，浦东新区在绿色金融法律法规和绿色金融政策试点等方面具备丰富的创新实践，这些实践有利于将浦东新区打造成为具有上海特色的绿色金融示范样本和国际绿色金融枢纽核心承载区，并进一步提高上海国际金融中心核心竞争力。

（二）长三角区域协同创新实践

　　在顶层设计目标上，上海国际绿色金融枢纽的建设是长三角绿色一体化发展的有机组成部分，也是发挥引领作用的关键。2021年，《长三角生态绿色一体化发展示范区绿色金融发展实施方案》发布，提出了"努力将一体化示范区打造成为绿色金融产品和服务创新的先行区、气候投融资和碳金融应用的实践区、绿色产业和绿色金融融合发展的试验田"的总体目标，以及在发展绿色信贷、推动证券市场支持绿色投资、创新发展绿色保险、发展绿色普惠金融、发展气候投融资和碳金融、培育发展绿色金融组织体系、构建绿色金融服务产业转型升级发展机制、建立绿色信息共享机制及加强绿色金融交流合作等9个方面列出了重点任务。2022年，《长三角生态绿色一体化发展示范区碳达峰碳中和工作的指导意见》发布，强调培育绿色低碳金融市场，并在区域协同方面，提出设立示范区绿色产业和绿色金融发展的绿色服务通道，支持示范区绿色低碳项目库在促进绿色低碳可持续发展方面发挥积极作用；探索在示范区建立碳交易市场及长三角绿电交易联盟，逐步探索形成跨区域绿电交易市场化体制机制，以助力区域碳排放权交易市场发展。按照这些政策文件的目标规划，2025年长三角地区将建立示范区跨区域绿色金融合作机制。

在长三角绿色一体化实践方面，上海发挥了重要的引领作用。2023年，上交所从上市债券中选取注册地为长三角的发行人所发行的信用评级AA+及以上的绿色债券作为指数样本，构建了上证长三角高等级绿色债券指数，为市场提供绿色投资基准和标的。此外，上海金融机构还在长三角区域内开展异地绿色金融合作，比如上交所和湖州市政府共同成立了"上交所绿色金融（长三角）服务中心"，旨在面向全国投资机构和上市公司，常态化开展绿色金融、企业上市等方面的教育培训等工作。总的来看，引领长三角绿色金融合作，是为了缓解跨区域要素流通不顺畅，尤其是资本要素，因此区域协同创新机制的难点在于破除地区间长期形成市场分割，因此未来我国应当加强统一的跨区域共建共享机制建设，促进区域内各地关于绿色金融的界定、标准、信息、政策、体制机制及人才培养等领域形成统一协调，上海在其中应发挥引领示范作用。

四、绿色金融国际合作的上海实践

跨国合作与技术共享是全球绿色低碳转型必由之路。金融在服务绿色低碳转型中也要加强国际合作。近年来，上海不仅加大绿色金融市场对外开放力度，而且积极促进绿色标准体系与国际接轨。

（一）促进上海绿色金融市场对外开放

建立国际绿色金融枢纽，必然需要深化绿色金融国际合作。近年来，在上海绿色金融市场开放进程中，金融资本"引进来、走出去"的双向开放特征凸显。

在绿色金融资本"引进来"方面，上海具有跨境金融先行先试的优势，比如第四届中国国际进口博览会期间，上海临港新片区管理委员会、上海临港经济发展（集团）有限公司与渣打银行（中国）有限公司签订了战略合作协议，约定三方结合临港新片区产业结构与发展规划，利用渣打国际网络优势和资源，引入国际领先的可持续金融产品和理念，为区内企业提供包括绿色贷款、绿色债券、可持续发展债券等，支持企业在境内外资本市场扩大融资、服务新片区"双碳"战略。

在绿色金融资本"走出去"方面，总体上我国金融机构对"一带一路"沿线清洁能源等绿色项目的支持增长较快。随着中国企业走出去产业领域扩大和金融需求的变化，上海也积极发挥国际金融中心优势，持续创新绿色金融产品服务，通过搭建绿色产业基金、政策性贷款、资本市场多层级科技金融体系与金融平台，促进绿色技术与金融的融合，面向"一带一路"沿线国家和地区提供区域绿色发展系统解决方案，面向企业提供"绿色技术＋金融"支撑服务，促进绿色技术转移转化，形成全链条服务支撑能力。

（二）促进绿色标准体系与国际接轨

我国绿色金融标准体系与国际接轨的重要成就体现在"一带一路"方面，尤其是我国 2018 年领衔发起的《"一带一路"绿色投资原则》（GIP）具有重要国际影响力。GIP 对扩大新兴市场绿色投资、加强 ESG 风险管理、完善环境信息披露、创新绿色金融产品、提升发展中国家的绿色金融能力作出了积极贡献。

除了金融市场开放外，上海深化国际合作的另一个重点是促进绿色标准体系的国际接轨，参与全球绿色低碳转型治理。比如，上海证券交易所目前已经成为联合国可持续交易所倡议、亚洲金融合作协会绿色金融合作委员会及国际绿色债券原则等国际组织的成员单位或观察员单位，多次参与绿色金融国际合作相关政策、国际规则和最佳实践的研究制定。《上海加快打造国际绿色金融枢纽服务碳达峰碳中和目标的实施意见》提出了支持绿色金融标准和规则方面国际合作的举措，比如加强上海与其他国际金融中心城市在绿色金融领域的交流，与伦敦金融城、巴黎欧洲金融市场协会等建立绿色金融合作机制，支持上海金融市场与境外金融市场在绿色指数发布、展示和相互挂牌等方面开展合作，以及支持上海金融市场和金融基础设施积极参与国际绿色金融标准研究和制定等。在未来发展中，上海作为国际绿色金融枢纽，承担着推广我国绿色金融标准体系的责任，这有助于我国提升绿色金融标准的国际话语权、加大绿色金融市场的国际影响力。

【案例】"一带一路"哈萨克斯坦风电项目融资

札纳塔斯 100 兆瓦风电项目是哈萨克斯坦最大、也是整个中亚地区最大的风电厂项目。该项目位于哈萨克斯坦南部札纳塔斯镇，由中国电力国际控股公司和哈萨克斯坦当地企业 Visor 投资公司联合建设运营，2020 年 9 月实现首批风机并网发电。2020 年 10 月，该项目获得欧洲复兴开发银行、亚洲基础设施投资银行、中国工商银行及绿色气候基金总计 9530 万美元融资支持。其中，欧洲复兴开发银行在哈萨克斯坦可再生能源框架下提供了 108.5 亿哈萨克斯坦坚戈（等值 2480 万美元）贷款支持，亚投行提供 3430 万美元；中国工商银行提供 58.41 亿坚戈（等值 1330 万美元），绿色气候基金提供了 2290 万美元优惠贷款。

尽管存在监管不确定性，该笔贷款支持了可再生能源技术的市场渗透。预计该项目每年可减少 26.2 万吨二氧化碳排放，有助于哈萨克斯坦达成绿色减排目标。此外，该项目也有助于为当地群众尤其是当地妇女提供绿色就业岗位。在融资领域，该项目同样具有许多里程碑式意义。它是欧洲复兴开发银行第一个，也是哈萨克斯坦最大的一个风电项目；是哈萨克斯坦首个由商业银行（中国工商银行）提供融资支持的可再生能源项目，也是哈萨克斯坦首次尝试通过项目融资结构为风电工程进行融资。

第三节　金融服务绿色低碳转型的国际经验借鉴

国际上，绿色金融的提出可追溯到 20 世纪 70 年代，但真正进入公众视野是在 2015 年联合国发布可持续发展目标和《巴黎协定》后。紧随其后在 2016 年的 G20 峰会上，绿色金融的国际发展首次被纳入核心议题，近年来，国际上绿色金融蓬勃发展，一些国家和城市在绿色金融上有很多成功的经验，其中伦敦和新加坡绿色金融发展的经验值得上海借鉴。

一、伦敦经验

伦敦作为绿色金融第一城，其绿色金融发展总体情况良好，不断推动着可持续发展目标的实现，并在全球绿色金融领域发挥着重要的领导作用和影响力。

（一）伦敦绿色金融的发展情况

伦敦的金融市场提供了多种绿色金融产品和服务，包括绿色债券、绿色贷款、可持续发展债券、气候相关金融衍生品等。这些产品和服务吸引了大量投资者和企业参与，推动了可持续发展的实现。

1. 绿色债券

英国的绿色债券市场在全球占据显要地位，尤其以伦敦证券交易所为主要平台。这一市场的发展可以追溯到 2009 年，当时世界银行在伦敦证券交易所成功发行了首支绿色债券。2015 年，伦敦证券交易所正式推出了绿色债券板块，成为全球首家设有专门绿色债券板块的证券交易所。

随着市场的不断发展，2019 年，伦敦证券交易所进一步将绿色债券市场拓展至更为广泛的可持续债券市场（Sustainable Bond Market，简称 SBM）。据该交易所数据显示，超过 300 种债券已进入 SBM，为企业筹集了超过 700 亿英镑的资金。这一进展不仅在全球范围内彰显了英国在绿色金融领域的引领地位，也反映了伦敦证券交易所作为全球金融中心的强大吸引力。通过绿色债券市场，英国积极推动可持续发展，为企业提供了融资渠道，同时为全球投资者提供了丰富的绿色投资机会。

2021 年 6 月，英国财政部和英国政府债务管理办公室（DMO）发布了英国政府融资框架，其中详细说明了政府通过 DMO 发行绿色金边债券和出售英国国家储蓄与投资银行（NS&I）的零售绿色储蓄债券的计划。这一举措旨在助力应对气候挑战，同时创造绿色就业机会。首支绿色金边债券于 2021 年 9 月 21 日成功发行，其发行期限为 12 年，总额达到了创下历史纪录的 1000 亿英镑。这次发行引起了广泛关注，认购总额超过了 1000 亿英镑，显示了市场对绿色金融的强烈兴趣。[1]截至 2023 年 2 月末，英国政府通过绿色金边债券成功筹集了 260 亿英镑，其中仅在 2021 年就筹得了 161 亿英镑资金。另外，首支绿色储蓄债券于 2021 年 10 月推出，其首期三年内利率仅为 0.65%。随后，该债券的利率在之后五次调整中于 2023 年 8 月达到

---

[1]《英国完成首次绿色金边债券发行》，新浪财经网，2021 年 9 月 21 日。

5.7% 的峰值。根据 NS&I 的数据显示，截至 2023 年 9 月末，零售绿色储蓄债券已成功募集资金超过 10 亿英镑[1]

2. 绿色股权

伦敦证券交易所（伦交所）在 2021 年发布的《绿色金融指南》中为绿色股权市场的融资主体设立了明确的标准。该指南将潜在或已上市的公司和基金划分为两大类，为那些计划上市或已经上市的机构提供了一项特殊的认证，即"绿色经济标志"（Green Economy Mark），主要针对那些在减缓和适应气候变化、减少废物和污染、循环经济、水资源与海洋资源保护、可持续农业等方面作出贡献的伦敦上市公司和基金。这一标志旨在表彰那些通过其产品和服务为实现环境目标作出贡献的公司和基金。在"绿色经济标志"申请上伦交所采用了富时罗素绿色收入分类系统，该系统评估公司绿色收入所占比例，要求公司至少有 50% 的收入来自绿色产品和服务，方可申请该标志。

富时罗素绿色收入分类系统目前涵盖了 10 个行业、64 个子行业和 133 个微观行业，以全面而详细地反映绿色活动及其对公司收入的实质性影响。[2]公司在上市前或上市后均有资格向伦交所提交"绿色经济标志"的申请表格。伦交所将与富时罗素合作审查申请信息并核实资格，最终决定将在 28 个工作日内提供反馈。此外，伦交所还规定对持有"绿色经济标志"的公司进行年度审核，以确保其仍然符合相关标准。如果公司符合要求，将继续保留标志，否则将被撤销。

---

[1] 董方冉：《"英式"绿金发展之路的借鉴与思考》，中国金融新闻网，2023 年 10 月 8 日。
[2] 白莹：《可持续发展投资必然迎来更大的发展》，新浪财经网，2020 年 12 月 8 日。

这一举措为推动企业向更环保和可持续的方向发展提供了明确的市场认可机制。

　　获得"绿色经济标志"带来的好处不仅仅限于企业或基金在上市过程中所能够获得的直接收益，还包括一系列利益的附加值。首先，企业或基金通过获得该标志能够在投资者和其他利益相关者中提升其在关注绿色经济方面的形象和知名度。这为企业提供了更广泛的投资机会，吸引更多注重可持续性发展的投资者。值得注意的是，获得"绿色经济标志"并不会增加额外的成本，也不会对当前的上市规则产生任何负面影响。相反，获得该标志的企业可以将其作为推广素材，展示在伦交所的发行简介页面或其他营销平台上，进一步提升企业形象。此外，这些企业还有机会与其他获得标志的公司定期交流，或受邀参加专门的商业活动，促进业务合作，分享绿色经济领域的最佳实践。总体而言，获得"绿色经济标志"不仅有助于企业在市场上取得竞争优势，更能够推动企业朝着可持续和环保方向发展，与社会的绿色发展理念相契合。

3. 碳市场

　　英国的碳市场具有悠久的历史，始建于 2002 年，是全球首个建立的排污交易市场，也是首个由多个国家部门参与的国家级排放交易市场。2005 年，英国正式加入了欧盟碳市场。直至 2020 年底英国脱欧和退出欧盟碳市场，约有 1000 家发电厂和工业厂房仍然被纳入欧盟碳市场。根据《2020 年温室气体排放交易计划令》的规定，英国于 2021 年 1 月 1 日正式启动了英国碳排放交易机制（UK ETS），并于同年 5 月 19 日进行了首次排放配额拍卖，代替之前的欧盟碳市场。英国碳市场仍然奉行"总量控制与交易"的原则，为能源密集型行业、发电行业和航空业设定温室气体排放上限，每年减少420万吨。这一减排目标相较于欧盟碳市场的5%减排上限更为雄心勃勃。英国碳市场的目标是最迟于2024年实现净零排放，与英国2050年净零排放目标保持一致。这一碳市场体系的建设为英国在碳排放控制和交易方面提供了坚实的法律框架，推动企业向低碳和可持续发展方向转变，为全国的碳减排事业贡献力量。

英国碳市场在碳排放配额的分配上采用了"拍卖"为主、"免费发放"为辅的方式。对于免费分配，英国碳市场规定将免费碳配额的权利授予固定设施和航空运营商。2021年，固定设施获得的免费碳配额总量接近4000万吨。拍卖方面，英国碳市场设立了每两周一次的碳排放配额拍卖，而在2022—2024年，每次拍卖的碳排放配额数量约为8100万吨、7900万吨和6900万吨，呈递减趋势。此外，英国碳市场采用了拍卖储备价格机制、成本控制机制和底价机制（截至2023年9月为22英镑，低于该底价的出价将不予受理），以维持碳配额价格的合理性和市场的活跃性。根据ICAP数据，自2021年5月19日首次配额拍卖以来，英国碳市场的碳价格基本上呈现先升后降的趋势，目前处于历史低位，约为40美元/吨。与同期的欧盟碳市场相比，英国碳价变化趋势相似，但自2023年以来有较大幅度的下滑，与欧盟碳价的差距逐渐扩大。这一市场表现可能受到多种因素的影响，包括碳排放的实际状况、市场参与者的行为和国际碳市场的整体走势等。[1]

---

[1]　武学：《全球碳交易的现状与展望》，《财经》2023年10月3日。

（二）伦敦绿色金融的发展模式分析

伦敦绿色金融的发展模式可概括为"政府引导、市场主导"。在英国实现净零排放目标的过程中，政府扮演着引领者的角色，通过一系列绿色金融战略、监管措施、激励约束政策、可持续信息披露制度及国际合作等手段，推动金融机构积极参与净零转型，提供关键的投融资支持。

1. 模式特点

（1）市场化原则

英国政治一直秉持着"小政府"理念，特别是在绿色金融市场的初创阶段。这一理念强调市场化原则，鼓励私人部门增加对绿色金融的投资，同时，政府在市场监管和行业标准制定等方面保持有限的介入，让非政府组织在该领域发挥更大的作用。这种政策取向旨在促进市场的自由竞争和创新，使私人部门能够更灵活地应对绿色金融领域的挑战和机遇。政府的角色主要集中在提供监管框架和制定基本规则的层面，以确保市场的公平竞争和透明度，同时，为私人部门提供必要的支持和激励，以推动绿色金融的发展。这种政策方向在一定程度上反映了英国政府对市场机制的信任，以及对私人部门在绿色金融领域发挥作用的期待。

（2）健全绿色金融标准

英国在绿色金融方面展现出了前瞻性，其政府出台了全面的指导纲要，将政策细化到产业和机构层面。不仅如此，在地方政府层面（如苏格兰、北爱尔兰等），也积极响应国家规定，灵活制定政策并建立相应机构，以适应各地的具体情况。此外，英国金融市场的各执行机构分工明确，通过推动标准的统一，如按照气候相关财务信息披露工作组（TCFD）[1]要求强制披露地图，确保了政策的有效实施。此外，英国政府还设立了多个绿色专项基金池，用以支持各地区的绿色环保项目，加快了相关政策的落实速度。这种法规健全的特点，帮助伦敦在绿色金融领域得以迅速发展，并在全球范围内产生了积极的示范效应。

（3）重视国际绿色金融合作

伦敦作为绿色金融的先行者之一，积极推动全球绿色金融的发展和合作，扮演着引领角色。通过向其他国家提供技术援助、资金支持等方式，帮助它们完成碳减排目标，促进绿色金融市场的全面发展。这种国际合作不仅在全球范围内树立了英国的领导地位，也为英国自身提供了更多的绿色金融交流和贸易机会。例如，伦敦证券交易所专门设立了绿色债券交易板块，吸引了印度与中国等国家以本土货币结算的绿色债券上市，进一步吸引了全球投资者的目光。同时，英国还与印度等国开展了绿色基础设施建设合作项目，为英国金融机构进入印度市场提供了更多机会。这种国际合作不仅有助于推动全球绿色金融的发展，也为伦敦自身在绿色金融领域的发展带来了双赢的机遇。

2. 存在的问题

（1）政府引导性较弱

首先，由于缺乏政府的强制力和激励机制，很难充分发挥政策的

---

[1] 气候相关财务信息披露工作组（Task Force on Climate-Related Financial Disclosure，TCFD）由G20辖下的金融稳定委员会于2015年成立，该工作组的目标是议定一套一致性、自愿性的气候相关财务信息揭露建议，协助投资者了解相关实体的气候风险。企业、城市、甚至是非营利组织等实体都可以采用TCFD的建议来衡量气候风险，并向其股东或利益相关者报告。

信号作用和对绿色投资的引导作用，这可能导致伦敦绿色金融市场发展速度相对缓慢。因为私营部门参与者之间需要进行长时间的磨合，才能逐渐形成绿色金融的原则，推广也会遇到一定阻碍。此外，许多带有公共产品性质的绿色金融工具和方法的开发在私营部门的不同机构之间存在大量的重复，这种重复开发不仅会浪费资源，还可能导致效率低下。因此，政府的领导力在绿色金融发展中显得尤为重要，需要在引导、规范和推动绿色金融发展方面发挥更积极的作用。

（2）市场风险较大

在市场主导的情况下，伦敦绿色金融市场可能更加受到市场供求、投资者情绪等因素的影响，导致市场不确定性和波动性增加。特别是在缺乏政府规范和监管的情况下，市场可能更容易受到外部冲击和突发事件的影响，增加投资者的风险感知。市场主导的模式可能导致伦敦绿色金融市场过度追求短期收益而忽视了长期可持续性，这可能导致绿色金融项目的真正环境和社会效益受到忽视，最终可能影响到整个绿色金融市场的长期可持续发展。虽然市场主导的模式有助于促进伦敦绿色金融市场的发展和创新，但如果缺乏政府的有效监管和规范，可能会增加市场风险，削弱绿色金融的长期可持续性。因此，需要在市场主导的同时，加强政府的监管和引导作用，确保绿色金融市场的稳健和健康发展。

（三）对上海的启示

英国是全球首个立法承诺在 2050 年实现净零排放的国家，这显示了其在应对气候变化和可持续发展方面的坚定承诺。作为欧美地区最早实行绿色低碳转型的国家之一，英国在绿色金融领域展开了积极

而富有成效的探索，构建了相对完整的绿色金融体系。作为绿色金融
的先行者和倡导者，英国伦敦在这一领域的发展经验对上海具有启示
作用。

1. 推动绿色金融市场导向机制

在伦敦的绿色金融市场主导模式下，政府的角色主要是制定政策
框架和提供市场引导，而非直接干预市场运作。上海可以借鉴这一
点，建立健全的市场导向的政策框架，为绿色金融市场提供稳定和可
预期的政策环境，引导市场的健康发展。通过激励私人部门的参与，
推动绿色金融产品和服务的创新，丰富市场供给，提升市场的活力和
竞争力。

2. 健全绿色金融标准

伦敦的绿色金融体系建立了统一的标准和制度，包括绿色金融
产品的认证、绿色债券的发行标准、绿色信息披露规定等。伦敦这
一经验为上海发展绿色金融提供了重要的启示，上海应加快建立统
一的绿色金融标准体系、加强监管和评估机制、推动信息披露和透
明度、加强人才培养、促进市场创新和发展等，提升市场的透明度
和规范性。

3. 加强国际合作

伦敦作为绿色金融发展的先行者，积极推动国际合作与交流，为
其他国家提供技术援助和经验分享。上海可以加强与英国等国家和地
区的合作与交流，共同推动绿色金融的发展，分享成功经验，共同应
对全球性的环境挑战。具体而言，一是借鉴英国与其他国家和国际组
织建立合作机制的做法，促进国际绿色金融标准的统一和互认，加强
跨境绿色金融项目的合作；二是积极参与国际绿色金融机构和论坛，

分享经验、学习先进理念，与国际上的相关机构开展合作项目，提升本地绿色金融的国际化水平；三是建设更多的国际交流平台，如绿色金融论坛、交流会议等，促进国际绿色金融经验的分享和交流，提升本地绿色金融的国际影响力。通过与国际合作伙伴的密切合作，上海将加速绿色金融市场的建设和发展，提升城市的国际竞争力，推动全球绿色金融事业的发展。

二、新加坡经验

绿色金融是应对气候变化和推动可持续发展的关键领域，也是新加坡政府积极发展的战略之一。新加坡作为一个国际金融中心，近年来在可持续发展和绿色金融领域取得了显著进展。

（一）新加坡绿色金融产品的发展情况

新加坡的绿色金融产品主要包括绿色债券、绿色贷款、绿色投资基金和绿色保险等产品。

1. 绿色债券项目

新加坡的绿色债券市场在政府支持、市场规模、发行主体多样化、投资者需求和国际合作等方面取得了显著进展，未来有望继续成为绿色金融领域的重要参与者和领军者。2022年，新加坡出台绿色债券框架，发行首个政府绿色债券，计划在2030年前发行总额高达350亿新加坡元的绿色债券，资助公共领域的绿色基础设施项目。[1]

---

[1]《新加坡促进绿色经济发展》，《人民日报》2023年1月6日。

新加坡政府通过发行绿色债券筹集资金，用于支持可持续和环保项目，如可再生能源、能源效率和气候变化适应性项目。这些债券的收益用于推动低碳经济的发展，促进环境友好的基础设施建设。

2. 绿色贷款计划

新加坡政府积极推动绿色金融和可持续发展，为绿色贷款计划的发展提供了政策支持和指导。新加坡金融管理局（MAS）通过发布相关指导方针和政策文件，促进了金融机构在环境友好型贷款领域的发展。新加坡的金融机构，包括银行、金融公司和非银行金融机构，积极参与绿色贷款计划。这些金融机构通过提供绿色贷款产品，为企业和项目提供了融资支持，从而促进了环境可持续性和低碳经济的发展。一些新加坡的银行推出了专门的可持续发展贷款，鼓励企业采取环保措施。这些贷款通常具有较低的利率，并鼓励企业投资于绿色技术、清洁能源和环保创新，推动可持续经济增长。

3. 绿色投资基金

新加坡的金融机构，包括投资银行、资产管理公司、私募股权基金等，积极参与绿色投资基金的发行、管理和投资。这些机构在绿色投资基金方面拥有丰富的经验和专业知识，为投资者提供多样化的绿色投资机会。新加坡的绿色投资基金种类多样，包括绿色私募股权基金、绿色债券基金、绿色指数基金等。这些基金通常投资于可再生能源、清洁技术、节能环保、可持续建筑等领域，旨在促进环境保护和低碳经济的发展。一些金融机构在新加坡设立了专门的绿色投资基金，通过吸引投资者的资金来支持可持续和环保的企业。这些基金涵盖多个行业，包括清洁技术、再生能源和可持续发展项目，帮助投资者实现合理财务回报的同时推动环保目标。

4. 气候保险产品

新加坡的金融机构积极参与绿色气候保险的发展，包括保险公司、再保险公司、资产管理公司等。这些机构通过开发绿色气候保险产品，为企业、政府和个人提供气候风险管理和保障服务。新加坡的金融机构通常会进行气候风险评估，并采取相应的风险管理措施。这些措施包括建立气候风险模型、制定应对气候变化的业务策略、加强对气候保险产品的监管等。新加坡的金融机构不断创新绿色气候保险产品，以应对气候变化带来的各种风险和挑战。例如，针对气候灾害、极端天气事件、海平面上升等风险，推出了相应的保险产品，为受灾地区提供灾后恢复和重建的资金支持。这些产品涵盖自然灾害、极端天气事件等，鼓励社会各界更好地适应气候变化并降低相关风险。

（二）新加坡绿色金融产品的发展模式分析

1. 模式特点

新加坡的绿色金融产品在其发展过程中展现出一些独特的模式特点，这些特点反映了新加坡在可持续金融领域的创新和前瞻性。这些模式特点共同构成了新加坡绿色金融产品发展的基础，推动了可持续金融在该国的蓬勃发展。这也为其他地区提供了可借鉴的经验，促进全球范围内更广泛的绿色金融市场发展。

（1）政府支持与引导

新加坡政府通过明确的可持续发展蓝图、法规制定和标准设立等方式，积极推动绿色金融产品的发展。政府发布了一系列的绿色金融政策文件，包括《绿色金融行动计划》等，为绿色金融的发展提供了指导和框架。政府通过实施激励政策，鼓励企业和金融机构参与绿色金融市场。例如，政府提供税收优惠、补贴和贷款担保等激励措施，降低企业和金融机构参与绿色金融市场的成本和风险。同时，新加坡政府还制定了税收激励政策，鼓励企业和金融机构投资于环保项目，提高了绿色金融产品的吸引力。

（2）金融机构参与推动

新加坡的金融机构积极承诺支持可持续发展，并将其融入业务战略中。新加坡的很多金融机构都设立了专门的绿色金融团队，负责推动可持续金融产品的创新和发展。保险业推出了与气候相关的保险产品，为企业和个人提供多样化的气候风险管理工具，促使社会更好地适应气候变化。

（3）债券市场发展活跃

新加坡的债券市场较为发达，交易活跃。新加坡绿色债券市场的规模逐渐扩大，市场参与者增多，市场流动性和活跃度也随之提升。这进一步吸引了更多的发行人和投资者参与市场，推动了市场的良性发展。新加坡绿色债券市场的规范化和标准化程度较高，有利于提高市场的透明度和信任度，降低投资者的信息不对称风险，促进了投资者的参与度。债券市场中涌现出多样化的绿色债券项目，包括可再生能源、能源效率、气候适应性和清洁交通等领域，为投资者提供了多元化的选择。另外，一些发行者通过遵循绿色债券原则和标准，提高了债券的透明度和可持续性，进一步带动了市场的发展。

（4）国际合作积极联动

新加坡积极与国际金融组织、其他国家和地区进行合作，分享经验、推动标准化，并吸引更多国际投资者参与。新加坡的证券交易所还引入了可持续金融指数，为投资者提供更多参与可持续发展的机会，推动了国际市场的联动效应。

2. 存在的问题

尽管新加坡绿色金融市场取得了显著进展，仍面临一些挑战，如缺乏标准化、信息透明度等。

（1）市场过度依赖政府支持

新加坡政府在绿色金融领域的发展中扮演着重要角色，通过推出政策、设立基金、提供资金支持等方式来促进绿色金融市场的发展。这种政府主导的发展模式可能导致市场参与者过度依赖政府支持，缺乏自主创新和发展的动力。由于政府支持的持续性和稳定性，市场参与者可能逐渐形成对政府支持的依赖性，缺乏自主发展的动力和竞争意识。一旦政府支持减少或停止，新加坡绿色金融市场的可持续性可能受到影响。

（2）缺乏统一的绿色金融制定标准

缺乏统一的标准意味着缺乏统一的定义和评估方法，这导致新加坡绿色金融产品的信息不透明，投资者难以辨别哪些产品符合绿色标准，从而降低了新加坡绿色金融市场的透明度和信任度。缺乏统一的标准可能会使得跨行业比较变得困难。如果不同行业的绿色金融产品遵循不同的标准，投资者将难以进行有效的比较和评估，这可能阻碍了资源的有效配置和投资决策的制定。

（3）市场信息不对称

市场信息不对称可能导致绿色金融市场缺乏透明度，投资者难以获得准确、完整和及时的市场信息，这使得投资者无法准确评估市场的供需关系、价格变动和风险水平，从而降低新加坡绿色金融市场的效率和稳定性。此外，市场信息不对称可能导致道德风险的加剧。一些市场参与者可能利用信息不对称的优势，采取不公平或不道德的行为，例如操纵市场、误导投资者或隐瞒风险，从而损害绿色金融市场的健康发展和投资者的利益。如一些绿色债券项目可能缺乏透明度，难以验证其真实的环保效益，投资者需要更多的信息来确保资金真正用于推动可持续发展。

（4）投资者参与不足

在新加坡绿色金融领域可能存在一定的投资风险，例如技术风险、市场风险和政策风险等。一些投资者可能对这些风险感到担忧，不愿意承担绿色金融投资带来的潜在风险，导致投资者参与度不足。此外，在新加坡，还因投资者缺乏对绿色金融的认知和理解，不清楚绿色金融的概念、投资机会和益处，导致对绿色金融领域的投资兴趣不高。

（三）对上海的启示

新加坡作为亚洲绿色金融的领先者，不仅在积极支持和投资绿色产业发展方面发挥了重要作用，还通过构建绿色金融体系来推动经济实现可持续发展，在国际上树立了良好榜样。新加坡在绿色金融领域的成功经验包括了对绿色产业的全面支持以及建设健全的绿色金融体系，这为上海提供了可借鉴的经验。

1. 全面支持绿色产业发展

新加坡在低碳减排方面取得了令人瞩目的成功，成为全球最为成功的城市之一，同时也是首个颁布和实施"碳排放权交易"制度的国家。这一成功源远流长，可以追溯到 20 世纪 60 年代。当时，随着新加坡工业化的快速推进，相应而来的是环境问题的显著加剧。早期的环境保护理念展现了新加坡政府的远见卓识，表明新加坡政府早在数十年前就认识到环境保护问题的严重性并采取相应措施。这种早期的环保觉悟为新加坡后来成为低碳减排领域的先锋奠定了基础。

上海可以借鉴新加坡在积极投资和支持绿色产业方面的做法。通过推动绿色技术创新、鼓励可再生能源的利用，以及支持环保项目的实施，上海可以创建更加健康的绿色产业生态系统，推动经济的绿色发展。

2. 重视绿色金融人才培养

新加坡政府关注绿色金融人才培养，通过提高金融从业人员的绿色金融素养，同时建设绿色金融平台，推动整个行业的发展。

上海可借鉴新加坡在构建绿色金融人才体系方面的做法。加强相关专业的培训和教育，提高从业人员对绿色金融的理解和专业素养，以支持绿色金融市场的稳健发展。

3. 构建完善的绿色金融体系

新加坡构建了完善的绿色金融政策体系，为可持续发展和低碳经济作出了积极贡献。新加坡鼓励金融机构发展绿色金融产品和解决方案。政府与金融业合作推出了绿色贸易融资标准，并发布了绿色债券框架，成功发行了首个政府绿色债券。这有助于吸引更多投资流向绿色领域，推动绿色产业的发展。

上海可以借鉴新加坡在绿色金融体系建设方面的成功经验，不断完善自身的绿色金融政策体系，推动城市可持续发展。

第四节 对上海在金融服务绿色低碳转型中发挥示范作用的政策建议

新征程上，上海应进一步优化绿色金融政策，有效促进金融对产业低碳转型和技术创新的支持力度，服务实体经济绿色低碳转型，在全国发挥引领示范作用。为此，本节提出新征程上上海在金融服务绿色低碳转型中发挥示范作用的政策建议。

一、总体思路

上海应抓住申报建设国家绿色金融改革创新试验区新机遇，借鉴国内外经验，以金融支持低碳转型、绿色普惠为重点，统筹推进绿色金融与科创金融、普惠金融、转型金融、供应链金融的协同发展，构建符合上海实际的绿色金融服务体系。

（一）构建绿色金融服务体系的原则

1. 坚持绿色导向、创新发展

深入践行"绿水青山就是金山银山"理念，切实发挥绿色金融导向作用，推动资源高效利用和绿色低碳发展。加快绿色金融体制机制创新，探索金融支持绿色转型发展的新路径、新模式，促进绿色产业发展。

2. 坚持政府引导、社会参与

加强政府在规划指导、政策支持、规范运作、服务保障等方面的作用，营造一流绿色金融发展环境。充分发挥市场在资源配置中的决定性作用，建立健全激励约束机制，引导金融资源投向符合绿色金融和转型金融标准的项目。

3. 兼顾低碳技术发展与产业转型需要

既要支持绿色技术创新与绿色产业发展，也要支持高碳产业的低碳化转型。加强科技创新和制度创新"双轮驱动"，促进绿色技术转移孵化，拓展新产品新技术、新行业标准在绿色金融领域的示范效应。

4. 兼顾绿色金融发展与金融安全

积极稳妥推进绿色金融组织体系、产品工具和体制机制创新，提高绿色金融领域新型风险识别和缓释能力。做好绿色金融风险预警、防范、化解和处置工作，牢牢守住不发生系统性区域性金融风险底线。

（二）构建绿色金融服务体系的推进路径

1. 推动绿色金融专营组织体系建设

鼓励金融机构在上海设立绿色金融事业部、绿色金融特色支行等专营机构，争取各商业银行的总行在绿色信贷资源、产品创新、审批权限、差异化考核等方面给予上海定向支持。推动"碳中和"银行体系建设，支持银行机构制定净零排放规划，有序推进投融资组合碳达峰碳中和。支持设立服务绿色产业发展的绿色产业基金等，服务经济绿色低碳转型。依托区域产业优势，吸引专业机构在上海设立绿色金融研究机构。

2. 丰富绿色金融产品体系

鼓励金融机构创新"碳惠贷"等差异化的专项绿色金融产品，开展绿色信用贷款、绿色信贷资产证券化、碳资产支持商业票据、绿色供应链票据融资等金融产品创新。支持企业发行绿色债券，通过信用风险缓释凭证和担保增信等方式降低绿色低碳企业发债难度和成本，引导 ESG 基金等产品投向绿色转型行业。围绕企业在环境治理、安全生产、职工健康、产品质量等方面的保险需求，探索 ESG 保险服务。鼓励符合条件的企业设立融资租赁企业，关注绿色低碳设备及资金需求，探索开展绿色融资租赁业务，充分发挥融资融物功能，开辟绿色产业链融资新路径。

3. 建立健全绿色金融政策体系

鼓励上海各区开展绿色金融专项扶持政策研究，制定绿色金融发展专项资金管理办法。制定转型金融、绿色普惠金融等财政支持政策，建立绿色贷款、绿色保险、绿色债券、绿色融资担保等财政奖补机制。构建金融机构绿色金融考评制度，依法依规将考评结果应用于政银合作各领域。通过政策供给引导金融机构创新绿色金融产品，吸引绿色项目集聚上海，推动绿色产业发展。

4. 推动绿色金融基础设施建设

推动绿色项目库建设，构建绿色金融地方标准体系，积极参与转型金融、绿色金融科技等国家和行业标准研究，鼓励金融机构共同参与上海《绿色产业指导目录》编制，结合上海绿色转型发展特点，围绕主导产业，强化绿色金融标准在绿色融资企业与项目评价方面的应用。发挥上海市绿色金融服务平台、中小企业融资综合信用服务平台、产业绿贷综合服务平台、智慧能源双碳云平台等平台的作用，利用物联网、区块链、大数据、人工智能等技术，加强生态环境保护信息与金融信息共享，为金融机构提供多渠道、多维度的绿色产业、项目信息与绿色融资企业画像，在绿色项目识别源头上解决绿色数据质量不高、获取数据成本较高、效率偏低、可靠性差等问题，协助绿色项目的识别和金融服务的有效衔接。

5. 强化绿色金融风险监测与防控

一是加强绿色金融产品的资金后续使用管理。指导金融机构加强对绿色金融产品资金的后续管理，监督产品资金按约定用途使用，避免出现项目"洗绿"风险，发现存在资金违规挪用情况的，及时采取必要的内部风险控制措施。

二是建立绿色金融风险监测防范机制。引导金融机构合理测算高碳资产风险敞口，不断优化资产质量。指导金融机构健全风险压力测试体系，有效覆盖气候变化金融风险和经济绿色低碳的"转型风险"，研究推出风险应对工具，持续开展高质量的信息披露。加强对绿色债券发行人违约风险的监测和防控。支持金融机构建设绿色金融风险监测预警系统、绿色金融风险分析系统、绿色金融业务信息管理系统，运用科技手段提升绿色金融风险识别能力，定期开展风险评估，做好应急预案，有效防范和化解金融风险。

二、重要举措

在金融服务绿色低碳转型中，上海要胸怀"大"格局，不仅要加大激励绿色金融产品创新的力度，还要引领和对接绿色金融标准，积极发展转型金融，带动长三角绿色金融一体化发展。

（一）引领和对接绿色金融标准

绿色金融标准体系是世界绿色金融的共同语言，推进绿色金融标准建设，对于夯实绿色金融发展基础和防范化解潜在金融风险等意义重大。然而，我国各地区在绿色金融标准上尚未统一，处于起步探索阶段。上海作为绿色金融发展的引领者，应进一步推动绿色金融标准的制定。

1. 制定本地化绿色金融标准

上海应发布相关政策文件明确支持绿色金融标准制定，并设立专门机构或委员会负责绿色金融标准的制定和推动。在绿色金融标准制定中，借鉴国际上先进的绿色金融标准和实践经验，如欧盟的绿色金融行动计划、国际绿色债券原则等，然后根据上海本地环境、产业结构和市场需求，制定符合本地实际情况的绿色金融标准。这些标准应涵盖绿色债券、绿色信贷、绿色基金等多种金融产品和服务，明确环境、社会和治理（ESG）标准，并结合国际通行标准进行完善。

2. 推动数据共享平台建设

上海应进一步推进绿色金融服务平台建设，通过该平台收集、整合和共享各类与绿色金融相关的数据。这个平台可以包括环境数据、企业环保数据、绿色项目数据等，以提供给金融机构、监管部门和其他利益相关者使用。上海绿色金融服务平台可以通过制定统一的信息披露标准，要求企业和金融机构按照标准化的格式和要求披露绿色金融相关信息，以提高信息的可比性和透明度，方便各方对数据进行分析和比较。上海绿色金融服务平台还可以加强对金融机构和企业的监管和督导，建立相应的监管机制和惩罚机制，要求它们按照相关规定进行数据报送和信息披露，同时，对违规行为进行处罚，以促使企业和金融机构更加积极地履行信息披露义务。

3. 加强监管和政策支持

上海应加强对绿色金融市场的监管和政策支持，建立健全绿色金融监管框架和政策体系。通过设立专门的绿色金融监管机构，负责绿色金融产品的注册审批、风险评估、信息披露监管等工作，以确保市场的透明度和健康发展。同时，上海还应加强对绿色金融市场的法律法规和政策制定，明确绿色金融市场的监管责任和权限，为市场发展提供法律保障。

4. 加强国际对接合作

上海应加强与国际组织、国际金融机构及其他国家和地区的合作，积极参与国际绿色金融标准的制定和讨论，分享经验和最佳实践，通过借鉴其他国家和地区在绿色金融标准制定和实施方面的经验和做法，加速标准的推进和实施。上海还应通过开展国际交流与学习、组织国际研讨会和培训等方式，提升在绿色金融领域的专业水平和影响力。

（二）激励绿色金融产品创新

绿色金融产品创新是推动绿色金融发展和可持续发展的重要手段之一，对于上海建设国际金融中心和生态文明城市具有重要意义。因此，上海探索激励绿色金融产品创新的机制和措施，促进绿色金融市场的发展。

1. 加大政策支持力度

上海积极建立以政府为主导、多部门参与的绿色金融政策协调机制，包括市发展改革委、市财政局、市生态环境局等相关部门，以确保绿色金融支持政策的协调一致性和有效性，为绿色金融的全面发展提供有力保障。同时，上海市政府出台更加明确、具体的政策文件，为绿色金融产品创新提供更多的支持和激励措施，例如税收优惠、财政补贴、项目资助等，以降低创新成本和风险。

2. 优化绿色金融创新环境

上海积极推动建立绿色金融产品创新的支持平台，包括金融科技创新中心、绿色金融创新实验室等，通过提供技术、资金、人才等方面的支持，为金融机构和企业提供创新的场所和资源。同时，上海还应建立更加完善的绿色金融创新生态系统，提供更加开放、灵活的金融监管环境，简化审批程序，降低市场准入门槛，鼓励金融机构和企业积极参与到绿色金融产品创新中来。此外，上海还应不断完善相关的政策和法律法规，为绿色金融产品创新提供良好的法律环境和政策支持，包括加强知识产权保护、推动绿色金融相关立法、建立健全金融风险防控机制等，为绿色金融创新活动提供法律保障。

3. 推进行业协作与合作

上海积极促进政府、金融机构、企业和科研机构之间的合作与协作，形成多方共赢的合作模式，共同推动绿色金融产品创新。例如，建立绿色金融产业联盟或协会，组织行业交流与合作活动，促进信息共享与资源整合。

（三）积极发展转型金融

转型金融聚焦于高碳行业的低碳转型发展，最早于 2019 年 3 月由经济合作与发展组织提出，是指向可持续发展目标提供融资以帮助其转型的金融活动。2020 年 3 月，欧盟将可持续金融分为绿色金融和转型金融，后者侧重向高碳行业或高环境影响项目等低碳转型发展提供金融支持。汇丰银行（2020）认为，转型金融是金融支持高碳企业变得更加绿色环保。日本的《转型金融指引》（2020）将转型金融界定为碳密集或高环境影响项目向低碳转型的投融资活动。[1]

2023年9月，习近平总书记在黑龙江考察时强调，整合科技创新资源，引领发展战略性新兴产业和未来产业，加快形成新质生产力。发展新质生产力是我国能源绿色低碳转型、保障能源安全的关键路径，以新质生产力推动传统能源转型升级，离不开转型金融的支持。转型金融能有效助力传统能源转型，支持减碳技术推动绿色低碳发展。

上海作为国际金融中心，拥有上海证券交易所、上海环境能源交易所、上海票据交易所、上海保险交易所、跨境清算公司、中国信托登记公司和中央结算公司上海总部等金融市场和金融基础设施，绿色金融发展迅速。此外，上海是全国和长三角地区的科技中心，集聚了大量节能降碳相关技术企业，为推动转型金融发展提供了相关实践经验和技术条件。2024年2月，《上海市转型金融目录（试行）》（以下简称《目录》）发布。《目录》参考国家减排目标，为各行业设定降碳准入值和先进值，作为申请转型金融支持的挂钩指标，防止出现"假转型"。[2]制定《目录》，目标是加快打造上海国际绿色金融枢纽，推动上海市经济社会全面绿色低碳转型。新时代新征程，上海应利用国际金融中心的市场优势，借助绿色金融发展经验，推动《目录》落地，加快推进转型金融发展，助力上海成为联通国内国际双循环的国

---

[1]　刘丰、苏群：《发展转型金融支持低碳转型》，《中国金融》2023年第15期。
[2]　谢卫群：《〈上海市转型金融目录（试行）〉发布》，《人民日报》2024年2月6日。

际绿色金融枢纽。

1. 多措并举推进《目录》落地

《目录》参考了我国减排目标，为六大行业设定降碳准入值和先进值，作为申请转型金融支持的挂钩指标，能够助力金融机构快速识别转型主体，防止出现"假转型"，也明确了转型金融重点支持的领域。为推动《目录》的落地，促进转型金融发展，建议从以下几个方面入手：

一是积极指导金融机构细化转型金融服务。在推进转型金融发展中，金融机构是实施主体，尤其是商业银行。需要引导金融机构结合自身业务需求，细化准入标准，做好六大行业转型金融的服务，明确转型金融服务流程，在银行信贷和授信等业务中明晰针对重点行业的服务方案，创新转型金融智能识别系统，加快转型金融产品供给和创新，推动《目录》中六大行业的转型金融业务落地。

二是引导转型主体开展低碳转型发展。发展转型金融需要转型主体的主动参与，而绿色低碳发展中的转型主体是高碳行业中的相关企业。考虑到转型金融的资金供需矛盾，应充分发挥上海金融资源集聚优势，根据转型金融目录支持的六大行业，利用好《目录》支持方向和优惠政策，鼓励相关转型主体制定科学的低碳转型发展计划，拓展高碳企业进行低碳转型发展的融资途径。

三是建立促进转型金融发展的担保机制和激励措施。借鉴绿色金融发展经验，在上海转型金融发展的起始阶段，应强化政府政策的引导作用，建立完善转型金融的担保机制和激励政策体系。为有效引导金融机构对转型金融项目融资，上海可考虑建立金融机构和政策性担保机构的合作机制，针对部分转型项目提供担保，在降低金融机构投资风险的同时，满足企业转型融资需求，推进转型项目落地。同时，上海还可借鉴湖州转型金融发展经验，将已有的绿色金融奖励支持政策，逐步拓展到转型金融，给予相应的政策配套支持，推进上海转型金融发展。

2. 建立转型金融项目库和打造转型金融示范案例

在制定转型金融目录后，上海应率先建立转型金融项目库，打造转型金融发展的示范案例，稳步推进转型金融发展。

一是多维度建立转型金融项目库，亦可将其纳入绿色金融项目库。依据转型金融认证标准，上海从转型主体认证、转型项目认证和转型产品创新等方面，建立促进转型金融发展的转型企业库和转型项目库，可以降低金融机构和转型主体之间的信息不对称程度，加快转型资金的供需对接，促进高碳行业的低碳转型发展。借助转型金融项目库，上海还可鼓励转型金融债券、转型基金和转型保险等金融产品创新，通过产品创新支持企业转型和项目转型发展。此外，上海还应依据转型标准的变动对转型金融项目库进行动态更新，定期进行调整，防范"漂绿"行为。

二是通过转型金融发展的典型案例发挥示范引领作用。当前，上海转型金融发展参与主体相对有限，市场上转型金融产品的种类也远不及绿色金融产品，转型信贷产品和转型债券等有待规模化发展，高碳行业转型也缺乏领头羊。为此，建议上海先期共同打造一批重点示范性转型项目或代表性转型金融产品，发挥典型项目的示范带动作用，以点带面，带动转型金融的后续发展。具体操作上，可以从高碳行业、高碳项目或转型融资产品重点打造具有示范意义的转型金融发展案例，形成可复制的发展经验，引领转型金融发展。

三是共享转型金融信息，引领长三角协同发展。在我国统一的转型金融标准出台之前，各地陆续出台了转型金融发展的支持目录，长三角地区有湖州和上海等先后出台了地方性转型金融目录。上海作为长三角一体化发展的龙头，应引领协同转型金融的一体化发展。上海应充分利用长三角一市三省联席工作机制、长三角 G60 科创走廊联席工作机制等，引领协同转型金融认证标准，共享转型金融项目和转型金融主体的信息，尤其是长三角地区产业链联系紧密的高碳行业，如汽车制造业等，对汽车制造的上下游企业的转型信息进行共享，强化跨区域的转型资金支持，推动长三角高质量一体化发展。

3. 完善信息披露和转型金融数字化服务

上海应依据《气候转型金融手册》，制定转型融资信息披露要求，尤其是对债券发行人和信贷融资人的信息披露，包括转型战略和公司治理、转型轨迹的环境重要性、转型战略的目标和路径等，在支持转型的同时防范"洗绿"和"漂绿"。上海刚实施的《目录》建立了差异化信息披露分级体系，不同转型主体依据企业规模、盈利能力、披露能力等因素选择或与金融机构协商披露等级，同时向金融机构提供差异化、可浮动的融资支持。考虑到转型金融信息披露更为复杂，专业技术性更强，上海需从企业和金融机构两端同时强化完善信息披露要求。对于转型企业，上海应依据披露等级，明确其转型信息披露要求，指导企业制定转型约束政策和治理机制，严格执行信息披露责任，及时对转型效果进行评估。对于金融机构，上海应要求在转型金融相关政策、职能部门、转型产品和服务创新、转型金融典型案例等方面进行及时披露，尤其是对转型金融产品和转型项目的重点挂钩指标选取、指标计算和基准产品等进行重点披露，以加强政府和社会的监督。

推进转型金融的持续发展，需要政府为高碳企业的融资需求和金融机构的产品供给，搭建有效的沟通交流平台，即提供数据支持来解决信息不对称问题。上海应充分利用已有绿色金融服务平台及相关行业平台，打造转型金融数字化服务中心，对碳核算、碳资产和金融风险等进行系统化管理。在具体管理中，上海应依据中国人民银行、国家金融监管总局等部门要求，采集六大行业相关企业的碳排放信息，核算碳资产，通过碳排放和碳资产、环境影响和企业项目信息的有效采集共享，对转型项目认证、气候风险识别等进行智能化评定，推送给相关商业银行等金融机构，实现银企线上对接，提高转型金融的融资效率，实现科技赋能转型金融发展。

（四）带动长三角绿色金融一体化发展

在推动绿色金融赋能长三角高质量一体化发展中，上海应发挥龙头带动作用，要充分利用绿色金融资源集聚优势，积极引领长三角绿色金融一体化发展。

1. G60科创走廊九城市先行先试绿色金融一体化

长三角绿色金融发展迅速，上海发行了全国90%以上的绿色债券和60%以上的绿色环保企业股权融资，湖州和衢州拥有全国首批绿色金融改革创新试验区。但在长三角绿色金融协同发展中，仍然面临行政藩篱、信贷资源跨区域流动困难、绿色标准不统一和绿色金融信息共建共享有待提升等现实问题。考虑到长三角区域间的差异性和绿色金融发展水平的异质性，应采用"从点到线，从线到面"的渐进式发展模式。

作为我国基层生动实践上升到国家发展战略的长三角 G60 科创走廊，积极支持科创和绿色发展的深度融合，自身也拥有完善的协作机制。G60 科创走廊九城市组建了联席会议办公室，2018 年已实现在产业、科创和商务等进行分组联席办公。2019 年，长三角 G60 联席办牵头开发了长三角 G60 科创走廊综合金融服务平台。2020 年，依托上交所资本市场服务基地，运作长三角 G60 科创走廊金融服务联盟。目前，G60 科创走廊建立了与九城市人民银行、上交所、三省一市的银保监、金融监管局和九城市的金融办良好的合作机制，促进绿色金融一体化发展。同时，九城市中，上海和湖州绿色金融发展全国领先，其他七个城市发展也较为迅速，拥有良好的绿色金融一体化发展基础。

建议依托 G60 科创走廊九城市合作平台和交流机制，联合中国人民银行上海总部等，支持九城市先行先试绿色金融一体化发展，强化绿色金融政策的跨区域协同。通过 G60 科创走廊深化长三角绿色金融发展的协调沟通机制，明确跨区域的绿色金融重点事项协调和责任分工，在绿色项目发展、绿色金融政策制定、绿色融资等方面实现协同发展。可借鉴 G60 科创走廊现有的产业联盟模式，探索组建绿色金融联盟或者小范围试点绿色金融投融资联盟，吸引政府机构、金融机构、交易所和民营企业等积极参与，创新长三角绿色一体化发展机制。

2. 引领长三角地区率先统一绿色金融标准

上海应借助绿色金融的发展优势，引领长三角地区率先统一绿色金融标准，推动绿色金融资源的自由流动。

上海在碳交易市场、绿色股权融资等方面拥有比较优势，应协同建立跨区域的绿色金融标准，推动绿色项目、绿色金融产品等标准化建设，推动长三角区域的绿色互认，助力绿色金融市场发展。借助长三角已有合作机制，先行构建长三角金融支持绿色低碳发展的正面清单和负面清单，引领协调绿色金融信息标准，逐步建立覆盖长三角的绿色信息共建共享机制。同时，结合长三角地区产业链供应链紧密联动的实践，持续深化投贷联动、轻资产信用贷、双创债等，为企业搭建债权、股权、融资租赁、科创板上市等综合金融服务生态链，聚焦绿色金融资源的开放共享，通过绿色金融的统一标准建设，推进不同城市的金融科技小镇、科创园区和绿色金融改革创新试验区等有效连接。在具体操作上，在同一绿色金融标准的基础上，可建立上海为交易中心，杭州、南京、合肥和湖州等为重要节点的绿色金融示范合作平台，协同创新丰富绿色金融产品，共建多层次绿色金融市场体系，打造全链条的金融科创生态体系，多渠道降低绿色金融的融资成本，优化绿色金融融资环境。

3. 推进长三角一体化示范区绿色项目库建设

绿色项目库建设是构建绿色金融体系的重要举措，可以有效解决绿色产业项目"泛绿"和"漂绿"问题，为绿色产业项目对接国际国内金融资源，实现对绿色产业的正向激励作用。2017年中国人民银行等中央七部委发布的浙江、江西、广东、贵州和新疆五省（区）八地（市）的绿色金融改革试验区总体方案中都将推进绿色项目库建设作为重要任务之一。2020年3月印发的《关于在长三角生态绿色一体化发展示范区深化落实金融支持政策推进先行先试的若干举措》也提出要加快建立一体化示范区绿色发展项目库。借鉴花都、湖州、贵安等国家绿色金融改革试验区建设绿色项目库经验，长三角一体化示范区建设绿色项目库应采取以下措施：

（1）要制定既要有普适性又要体现区域特色的绿色项目评估遴选标准

广州花都、贵州贵安新区等地的经验表明，不仅应结合现有国家部委的相关绿色项目评价标准，同时还应结合当地实际，制定绿色项目评估遴选标准。因此示范区在推进绿色项目库建设中，应在中国人民银行、国家发改委等中央部委出台的绿色金融标准的基础上，选择示范区鲜明特色的主导或支柱产业，如青浦区的物流产业。

（2）要加强绿色项目库动态管理的制度建设

目前，国内一些地区在绿色项目评价过程中往往只重视前期项目参评的过程，而没有对入库项目进行持续性管理，导致入库项目所属企业的环境信用等级调整管理不到位，信用等级的修复存在一定的滞后性和不完善性。因此在示范区绿色项目库建设中，应加强绿色项目库动态管理的制度建设，对入库项目进行持续跟踪评价，并将动态评价结果与激励和约束政策相挂钩。

（3）要建立和完善绿色金融支持政策体系

绿色项目库是支撑绿色金融服务绿色实体经济的载体，加强对入库绿色项目和绿色企业的政策支持，有助于调动企业发展绿色产业的积极性，推动绿色金融改革创新建设尽快取得实效。广州花都、贵州贵安都非常重视对绿色项目和绿色企业的支持，出台了力度大、可操作性强的支持政策。因此示范区在建设绿色项目库中，应从机构奖励、企业贴息、机构风险补偿等方面综合施策，通过政策鼓励金融机构为入库绿色项目和绿色企业提供绿色金融服务。

（4）要加强绿色金融综合服务平台建设

浙江湖州的经验表明，当前绿色企业和金融机构之间还存在较为严重的信息不对称，针对企业对绿色金融服务的多元化需求，应加强金融综合服务平台建设，解决银企双方的信息不对称问题。因此示范区在推进绿色项目库建设中，应加强绿色金融综合服务平台建设。

（5）要促进绿色金融机构的集聚

绿色项目库建设与绿色金融机构集聚相辅相成：一方面，需要绿色金融机构的集聚为绿色项目和企业提供服务；另一方面，入库绿色项目和绿色企业的不断增加又对绿色金融服务提出了大量的需求，可以吸引绿色金融机构的集聚。如贵州贵安就非常重视统筹推进绿色项目库建设和绿色金融机构的集聚，将贵安新区绿色金融港作为集聚绿色金融机构的主要载体。因此示范区在推进绿色项目库建设中，可依托长三角一体化示范区（上海）金融产业园等金融产业集聚区，大力引入国内外绿色金融服务机构，服务示范区的绿色产业发展，建成示范区绿色金融服务高地。

4. 协同补短板加快发展绿色保险

积极发展绿色金融，绿色保险是其中重要的一环，保险的长期投资和价值投资属性与绿色投资天然契合，能有效引导金融资源向低碳领域倾斜。但相比于车险、人身险等保险品种，绿色保险的数据积累相对有限，加之绿色投资和绿色产业发展更加长期性，其风险把控更加困难，使得愿意参与的保险企业不足，我国目前主要是太保、人保等大型保险机构在探索发展绿色保险，总体上我国绿色保险存在供需不匹配、品种单一等问题。

自2016年我国提出发展绿色保险以来，上海依托国际金融中心建设，有序推进绿色保险服务，绿色保险发展迅速，如上海环境能源交易所与太保等开发了全国首笔碳排放配额质押贷款保证保险业务，上海保险交易所推出了新能源车险交易服务系统，太平洋安信农业保险推出国内首创的"两无化"蔬菜收入保险、"两无化"水稻收入保险等，均有效支持了绿色低碳发展。近两年，上海绿色保险保费和赔付金额的增速均在 25% 以上，发展成果初步显现。然而，当前的绿色保险供给和上海的绿色发展需求相比，还存在较为明显的缺口。上海碳达峰时间要比全国提前 5 年，对绿色金融和绿色保险的需求大，绿色保险的覆盖广度与深度亟须提升，因此，上海不仅需要加大绿色保险创新激励，还应在长三角地区加强协同，保证绿色保险保费补贴、税收减免、构建创新激励机制和数据交互共享等协同发展，促进绿色保险高质量发展：

（1）共同探索构建绿色保险创新激励机制

为促进绿色保险发展，长三角地区应强化政策协同支持力度。如结合绿色保险发展初期的不确定性和风险管控难度大等特点，建议参照农业保险补贴的方式，在财政能力允许的范围内，试点对绿色保险进行保费补贴，如可统一补贴 25%—35%，其余由投保人承担，降低绿色投资风险，鼓励企业绿色转型发展和绿色投资，并在税收征管上给予一定幅度的优惠，从而引导更多金融资源向低碳领域倾斜。

（2）扩大上海保险交易所的辐射作用

发挥政策优势，支持上海保险交易所在浦东新区试点建立绿色保险产品登记、清算、结算服务平台，更好地服务绿色保险发展。为引导更多保险企业开发绿色保险产品，上海可协同其他长三角地区绿色金融改革试验区，通过上海保险交易所这一平台，将在浦东试点成功的经验在长三角地区复制推广，扩大上海保险交易所在绿色保险方面的辐射作用。

（3）积极推进长三角区域绿色保险数据的共享

保险本身是风险管理行业，防范控制风险是企业管理的核心。为促进绿色保险稳定发展，在保障数据安全和信息隐私的基础上，上海应协同长三角地区共同为保险行业提供部分公共数据，协同探索保险数据及其他相关公共数据的共享。如可先行推进绿色项目、绿色企业和绿色技术等所涉的公共数据共享，帮助保险公司进行新产品研发和保费精算等，以便保险公司精准开发保险产品服务绿色发展。

第四章
上海强化金融风险管理与压力测试

党的二十届三中全会提出坚持系统观念，处理好发展和安全等重大关系。发展和安全是一体之两翼、驱动之双轮。金融领域，只有坚持发展和安全并重，才能实现金融高质量发展和高水平安全的良性互动。

近年来，上海在国际金融中心建设中，统筹处理好发展与安全的关系，发挥金融改革试验田作用，为国家试制度、探新路、补短板，扎实推动了金融高质量发展，同时牢牢守住了不发生区域性系统性金融风险的底线。新征程上，上海应更好地统筹金融开放与安全，在推进金融制度型开放的同时，强化金融风险管理与压力测试。

第一节　上海强化金融风险管理与压力测试的重要意义

金融创新、金融开放是国际金融中心的助推器，但金融创新和金融开放也会带来金融风险。在上海国际金融中心建设中，平衡好金融创新、金融开放与金融风险防范之间的关系十分重要：一方面，要加强金融创新与加大金融开放；另一方面，也要注重防范金融创新和金融开放所带来的金融风险，强化金融风险管理与压力测试。

一、国际金融中心建设与金融风险的关系

金融是经营风险的行业，金融创新与风险管理相辅相成、共生共荣。金融创新是国际金融中心建设的强大驱动力。防范金融风险也是国际金融中心建设永恒的任务。

（一）国际金融中心建设与金融创新、金融开放

1. 国际金融中心建设与金融创新

经济学家熊彼特认为创新包含两方面含义，一方面是为投入品赋予新的含义；另一方面是同一投入品的生产率提高。金融创新则是变更现有的金融体制和增加新的金融工具，以获取现有的金融体制和金融工具所无法取得的潜在利润。金融创新非常重要，英国的经济史学家约翰·希克斯认为，工业革命不是技术创新的结果，而主要是金融创新的结果。[1]

金融创新范畴十分广泛，既包括传统金融业务创新（资产、负债和中介三大业务创新），又包括支付和清算方式创新（如电子支付）、金融机构创新（如非银行金融机构和跨国银行的发展）和金融工具创新（如期货、期权、外汇、互换），还包括金融制度创新和金融理论

---

[1]　黄益平：《好的金融创新和不好的金融创新》，《金融经济（市场版）》2018 年第 7 期。

创新等。[1]

国际金融中心建设离不开金融创新。以新加坡为例，之所以能在短短数十年内崛起成为全球重要的金融中心，就是因为从银行业、证券市场到金融科技，新加坡通过一系列政策与战略部署，构建了一个高度开放、创新驱动的金融生态系统。

2. 国际金融中心建设与金融开放

有关金融开放的界定，理论界主要从国际资本流动和金融服务角度进行定义。如姜波克认为，金融开放具有静态和动态两个方面的内涵：从静态来看，金融开放是指一个国家（或地区）的金融市场对外开放；从动态来看，金融开放是指一个国家（或地区）由金融封闭状态向金融开放状态转变的过程。[2]

金融开放的内涵包含三个层次：一是金融机构开放，即一国对他国或地区金融机构以合资、独资或并购等方式从事银行、证券、保险等金融服务的准入及行为活动的管制程度，以及对该国金融机构在境外从事相关金融服务的开放程度；二是金融市场开放，即一国与国际金融市场的互融互通，境外资金进入国内金融市场、境内资金在国际市场配置状况；三是货币的开放与国际化，即本币与外币之间的自由兑换与流通程度。[3]

提升金融中心的国际化程度离不开金融开放。以香港为例，其依托金融制度开放优势，汇聚了全球金融"活水"。如以多层次资本市

［1］王力：《正确认识金融创新与风险防范的关系》，《银行家》2023年第1期。
［2］姜波克等：《开放经济下的政策搭配》，复旦大学出版社1999年版。
［3］陈卫东：《全面评估中国金融业开放："引进来"和"走出去"》，国际货币网，2019年4月19日。

场联结国际资本通道，香港打造便捷的投资平台，在内地与国际资本市场互联互通中扮演着桥梁角色，将在岸与离岸金融市场和金融资源紧密融合，服务国内国际投资者，确保了香港国际金融中心的地位和优势。

（二）金融创新、金融开放与金融风险

金融风险包括系统性风险和非系统性风险。系统性风险，也被称为非分散性风险，往往由经济冲击或机构失灵等事件触发，引起一连串的金融机构重大损失或金融市场价格的大幅波动；可能源于金融体系内部或外部，也可能源于特定金融机构和金融市场的相互关联性及其对实体经济的风险敞口。一般而言，系统性风险包括利率风险、汇率风险、政策风险、市场风险、地缘政治风险等。相对于系统性风险，非系统性风险，或称为可分散风险，通常包含了信用风险、财务风险、经营风险、流动性风险、操作风险等。

国际金融中心在开放与创新方面"先行先试"引领全国乃至全球，更容易触发引致系统性和非系统性金融风险的发展。

1. 金融创新与金融风险

金融创新使国际金融中心建设的潜在风险加大。首先，复杂的金融产品和创新模式往往伴随着复杂的交易合约和金融结构，增加了投资者理解和评估风险的困难，同时也增加了潜在金融风险；其次，创新的金融模式可能引入新的交易方式、复杂的风险传播渠道和监管盲区，使得对变动的适应和潜在风险的识别需要更多时间，导致风险在较长的时间内可能难以被及时发现；最后，风险管理者由于缺乏历史数据和经验教训的支持，防范金融风险面临极大的挑战。

但同时，金融创新也可以降低国际金融中心建设中的风险。如在金融工具创新方面，特别是衍生金融工具的创新，被视为是转移和规避金融风险的重要方式。这些工具和技术通过扩大金融市场的投资选择和创造多样化的金融产品，可以帮助资产持有者有效管理风险。其中，结构性金融工具如资产证券化等，被认为是金融工具创新的重要组成部分。通过资产证券化，可以重新构建不同类型资产的流动性和收益性，为风险管理提供新的机制，使得金融机构可以将部分风险转移给其他投资者，从而减轻自身的风险负担。

2. 金融开放与金融风险

金融开放也会使国际金融中心建设的潜在风险加大。首先，金融开放意味着市场复杂度和不确定性的增加，这可能导致新型金融风险的出现；跨境资本流动的增加使得市场对全球金融冲击更加敏感，金融危机可能在短时间内迅速传播到其他国家。其次，不同国家和地区的监管结构和标准存在差异，使金融风险管理和跨国协调更加复杂。

同样，金融开放也会降低国际金融中心建设中的风险。首先，金融开放增加市场竞争和产品多样性，为金融系统提供了强大的抵风险能力。由于它可以吸引国际知名金融机构进入当地金融市场，同时引入先进的风险管理技术和管理经验，所有这些因素都有助于提高金融市场的稳定性。其次，金融开放通过国际合作和信息交流，可以提高监管部门的风险监管水平。随着金融市场开放程度的加深，不同国家和地区的金融监管部门间的合作更加密切。这样的合作有利于让跨境金融监管更加合规，并接轨国际先进水平。同时，金融开放还提供了广阔的信息共享平台，有利于监管机构更有效地识别、评估和解决跨境金融风险。最后，开放的金融市场可以吸引更多国际投资者参与，从而提升市场的流动性和效率。增加市场参与者的多样性和活跃度，帮助分散风险。

二、上海强化金融风险管理和压力测试的重要意义

上海在推进国际金融中心建设中，既要"放得开"，更要"管得住"，通过强化金融风险管理和压力测试可以为上海在金融开放创新上获得更大空间。

（一）金融风险管理和压力测试的主要内涵

作为一种度量极端市场风险的简单方法，压力测试（Stress Testing）能为风险管理部门提供比对正常波动范围的金融风险度量更多的有价值的信息。压力试验已在美、英等国金融机构中得到广泛和深入的应用，而且涉及的领域也十分广泛。目前，压力测试不仅应用于极端市场风险的度量与管理，还被广泛运用到极端情形下的信用风险、市场风险、流动性风险等金融风险的度量和管理之中。

压力测试可以分为微观压力测试和宏观压力测试。国际清算银行（BIS）的 Marco Sorge 将宏观压力测试定义为用于评估异常但又可能的宏观经济因素冲击下金融体系脆弱性的一组方法。国际货币基金组织在"金融部门评估规划"（FSAP）的框架内，将宏观压力测试方法作为分析银行系统稳定性的重要工具。[1] 在 2008 年金融危机发生后，

---

[1]　钟士取、杨福明：《压力测试与金融稳定性评估——基于欧美银行业的实践》,《中国金融》2010 年第 24 期。

国内外金融管理部门对压力测试有了新的认识，宏观压力测试逐步得到各国金融管理部门和金融机构的高度重视。近年来，国内外学者将计量经济学、随机控制理论、极值理论等学科理论运用于宏观压力测试，使得金融压力测试的研究手段日益丰富和深化。但毕竟宏观压力测试只是理论上的研究，测试中涉及宏观经济因子的构造、风险指示器的确定、风险传染效应和风险反馈效应等多方面，具有一定的人为因素，因此理论上的宏观压力测试其结果可以作为一国金融开放政策设计的参考，但具体到其中一些重要的金融开放政策的推出，最好还是选择在某些特定区域先行先试。因此，我国应依托上海探索独具特色的压力测试体系，构建金融风险管理和压力测试试验区。

（二）上海强化金融风险管理和压力测试的重要意义

《上海国际金融中心建设"十四五"规划》指出要加强风险压力测试，全面提升上海国际金融中心风险防范化解能力，牢牢守住不发生区域性系统性金融风险底线。在制定制度开放总体方案、推进浦东综合改革试点和临港新片区等工作中，上海市委书记陈吉宁强调压力测试是必不可少的。具体而言，上海强化金融风险管理和压力测试主要有以下几方面的意义：

首先，强化金融风险管理和压力测试，意味着更多的金融产品、技术应用、机制创新及重要的金融改革措施可以在上海先行先试，从而可以加快上海国际金融中心建设的步伐。

其次，强化金融风险管理和压力测试，有利于形成金融风险预警机制及相应的应对预案，为了解不同情形下金融体系的稳健性提供了分析依据。对于上海而言，金融风险管理和压力测试试验区的建设不仅使得上海承担起了防范化解系统性金融风险的重担，而且使上海能更有效形成金融风险预警和防范机制，协助监管部门搭建金融机构风险监测框架，为金融监管积累经验。而规范的金融监管及对于风险防控的重视，则进一步为上海营造出安全有效的金融营商环境，使上海国际金融中心建设能行稳致远。

第二节　金融风险管理与压力测试的上海实践

上海是我国金融业对外开放的排头兵和重要窗口，实施高水平金融对外开放，一直以来都是上海国际金融中心建设的重点。在加大金融创新和金融开放的同时，上海始终重视金融风险防范，坚持"健机制、强监管、早发现、打重点、常宣传"的工作思路，通过央地协同、部门联合、市区联动，着力建立适应上海国际金融中心建设要求的金融风险防控体系，在金融风险管理和压力测试取得了明显成效，其中，在统筹推进离岸在岸金融业务、推进资产管理中心建设、推进CIPS系统建设、防范房地产市场金融方面较为突出。

一、统筹推进离岸在岸金融业务

2019年11月，习近平总书记在上海考察时指出，上海自贸试验区临港新片区要努力成为统筹发展在岸业务和离岸业务的重要枢纽。根据习近平总书记的指示，上海以临港新片区统筹推进离岸金融业务与在岸金融业务的发展。

（一）我国人民币离岸和在岸市场存在割裂现象

1. 资本项目可兑换程度还不高

中国尚未实现资本项目下完全自由兑换，致使境内人民币避险需求主体无法参与离岸人民币期货市场，从而限制了人民币跨境自由的深度和广度。此外，国际外汇期货市场一般会利用离岸和在岸汇差进行套利和对冲风险，但人民币的境内境外市场联通不顺畅甚至割裂，离岸人民币期货市场无法帮助投资主体平滑汇率波动。这种局限性降低了人民币的吸引力，也影响了我国跨境资金的流通效率。

2. 人民币外汇衍生品品种缺失

人民币外汇衍生品大多都是场外交易合约，缺少流动性高的标准化合约。如目前人民币外汇衍生品主要服务大型企业和机构，不利于中小企业对冲风险和管理头寸，限制了资金跨境流通。另外，由于做市商制度在我国银行间衍生品市场尚未被引入，市场参与者不得不耗费大量成本寻找交易对手，导致市场效率低下。目前，我国外汇政策规定企业办理外汇衍生品业务需要满足"实需原则"，即必须是真实的套期保值需求。"实需原则"限制了衍生品交易，使得市场主体无法投机和套利。虽然这可以防止过度投机引发的风险，但同时也减少了市场的参与者和交易量，降低了市场的整体活跃度，减少了资金的流通性。

（二）上海统筹推进离岸在岸金融市场业务发展的实践

针对我国人民币离岸和在岸市场所存在的割裂现象，近年来，上海统筹推进离岸在岸金融市场业务发展，并在发展中加强金融风险管理和压力测试。

1. 上海创设境内离岸人民币中心

2013 年 9 月上海自贸试验区挂牌后，国家金融管理部门先后出台支持自贸试验区金融开放创新的 51 条意见，其中与跨境金融相关的内容包括自由贸易账户体系、资本项目可兑换、人民币跨境使用、外汇管理体制改革、提升我国资本市场对外开放度等，构建了自贸试验区跨境金融的发展模式。2015 年 10 月，中国人民银行等联合发布《进一步推进中国（上海）自由贸易试验区金融开放创新试点加快上海国际金融中心建设方案》（"金改 40 条"），深化上海自贸试验区金融改革创新。2019 年 8 月，临港新片区正式挂牌，国务院印发《中国（上海）自由贸易试验区临港新片区总体方案》，支持新片区投资自由、贸易自由、资金自由，形成了新片区跨境金融的总体政策框架。2020 年 2 月，中国人民银行等多部门联合发布《关于进一步加快推进上海国际金融中心建设和金融支持长三角一体化发展的意见》，积极推进临港新片区金融先行先试、在更高水平加快上海金融业的对外开放水平。

在提高跨境资金流动效率方面，上海引入自由贸易账户体系允许在自贸试验区内的企业和个人进行人民币和外币的跨境交易，为监管跨境资金和风险管理提供了更灵活的框架，促进资本的自由流动。上海还在探索放宽资本账户下的自由兑换，提升资本跨境流通效率的同时规避开放度不足带来的风险。

2. 临港新片区创新跨境金融监管

2016 年 4 月，中国人民银行上海总部牵头组建了跨境金融服务专业委员会，规范了上海地区银行业的跨境金融发展。2016 年 6 月，中国外汇交易中心在沪成立全国外汇市场自律机制，推动了外汇市场的自律建设，提高了市场整体的合规水平。2021年5月，上海证监局成立支持服务临港新片区领导小组办公室，从而实现各金融监管机构的信息共享和政策协调，有助于形成合力，综合管理和控制跨境资金流动风险，避免因监管碎片化导致的风险监控盲区。2021年11月，中国人民银行上海总部成立支持服务临港新片区领导小组办公室，再一次尝试提高跨境金融服务的水平。2021年12月，上海银保监局成立服务临港新片区领导小组办公室。

3. 持续推进外汇收付与结算便利化

上海持续推进外汇收付与结算便利化。首先，《关于进一步加快推进上海国际金融中心建设和金融支持长三角一体化发展的意见》允许优质企业凭借收付款指令直接办理跨境人民币结算业务。其次，临港新片区管委会等联合印发《中国（上海）自由贸易试验区临港新片区促进离岸贸易高质量发展的若干措施》，创新开展自由贸易账户项下离岸经贸业务试点。同时，人民银行印发《关于支持外贸新业态跨境人民币结算的通知》，完善了跨境电商等外贸新业态跨境人民币业务相关政策。随着2021年12月国家外汇管理局决定在临港新片区等全国四个区域开展跨境贸易投资高水平开放试点，临港新片区启动了新一轮经常账户便利化试点，提高了贸易和投资的自由度，畅通了跨境资金流通的渠道。

4. 对跨境资金流动"适当放宽，强化监管"

上海自贸试验区的FT账户提供了一条独特的资本账户开放通道，FT账户内资金实现跨境自由流动，自由兑换，同时又能够对交易的现金流和交易性质实时监控，从而能够在逐步扩大资本市场对外开放中，又能保障系统性金融监管。通过这一系统，企业能够在全球范围内更高效地管理资金，优化资本结构，同时也为国际投资者提供了更加便捷的投资途径，扩大资金的流动。自由贸易账户已经成为上海自贸试验区金融制度创新的核心基础设施，在扩大金融开放与风险防控方面取得了良好成效，这一账户体系已经向我国多地复制推广。

在我国金融开放的进程中，实现资本账户开放和人民币自由兑换是我国金融对外开放的重要内容。在资本项目可兑换先行先试中，上海自贸试验区的做法是采取有限渗透的措施。在具体做法上，上海自贸试验区模拟海关特殊监管区的物理围网，创新设立了"电子围网"，金融机构要在自贸试验区内开展投资创新业务，必须通过自贸区设立的单独账户，分账核算单元，并接入中国人民银行上海总部验收系统，从而在保证客户交易需求的前提下，既满足了企业的资金需求，也保障了金融市场的稳定。

近年来，我国加快扩大资本市场的双向开放，其中一些举措也是在上海先行先试。QFII 制度是 2002 年首次推出的一项重要政策项目，允许符合规定的外国机构投资者在中国证券交易所开展投资。自 2002 年以来，中国已大幅调整了 QFII 的法律框架，降低了合格境外机构投资者的准入门槛，扩大了投资范围，并进一步放宽了额度管理和外汇管制。QFLP 制度为外国投资者进入中国境内的私募股权市场提供了新的渠道。该制度最早于 2010 年在上海试点推出，随后在北京、天津和重庆等其他城市推出。在中国出台 QFLP 制度之前，管理企业在投资非上市企业的股份时，面临外汇管制的障碍。RQFLP 制度于 2012 年在上海推出，是 QFLP 制度的延伸。在此制度下，合格境外基金管理人和资产管理公司可利用其在境外募集的人民币直接投资于上海设立的人民币私募股权基金。

5. 大力发展国际原油期货、期权等衍生品

近年来，作为国内领先的衍生品市场运营商，上海期货交易所（上期所）持续致力于为能源产业提供全面且创新的风险管理解决方案。自 2018 年原油期货上市以来，上期所通过实施一系列创新举措，如引入做市商机制、建立结算价交易机制、发布日中交易参考价，扩大原油交割库容以及更新原油交割品级等，使得原油期货市场得以安稳发展，运行情况良好。原油期货市场在 2022 年中实现了持续扩大和市场结构优化，应对了国际油价的波动挑战，并不断调整交割方式以满足现货市场的变化和发展，同时也引入了新的可交割油种。此外，上海原油期货市场在避险和投资需求的驱动下，实现了成交规模的快速上升，尤其是机构交易者在交易和持仓领域的表现十分出色。同时，该市场还向境外投资者进一步开放，吸引了全球范围内的参与，并实现了与全球市场的更深层次的融合。2023 年，上海原油期货全年共交割 4.0608 万手（合 4060.8 万桶），同比增加 68.7%。交割金额达 234.51 亿元，同比增加 48.51%。这显示出，越来越多的实体企业通过期货市场交割来实现套期保值和采销计划。[1]

2021 年 6 月 21 日 9 时，上期所旗下的上海国际能源交易中心（上期能源）正式推出原油期权交易。这标志着中国原油期货市场又迈出了重要一步，原油期权不仅为原油期货市场提供了有力的补充，也为企业提供了更为全面的风险管理工具，有助于提高国内原油产业链企业在风险管理上的效率和精度。这一创新性金融衍生品的推出，进一步完善了我国能源市场的衍生品体系，也深化了上期所在服务实

---

［1］ 楚海虹：《上海原油期货市场高质量运行侧记》，中国石油新闻中心，2024 年 6 月 26 日。

体经济，特别是在能源产业风险管理方面的功能和作用，有力推动了中国能源市场的国际化进程。

原油期权市场自 2021 年开市以来，交易规模快速增长，市场影响力不断提升。上海原油期权定价合理，且与主力对冲及标的期货市场联动紧密，吸引了产业客户的积极参与。由于其出色表现，原油期权市场获得了国际认可，并在原油期权定价稳定性方面表现出色，主力系列隐含波动率保持在预期范围内。上海原油期权的交易量在 2024 年 1 月时达到了 1878503 手，较 2022 年同期增长约 644.7%（图 4-1）。

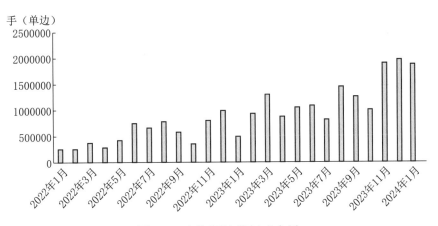

图 4-1　上海原油期权成交量

数据来源：上海期货交易所。

【案例】上海率先实施优质企业跨境人民币结算便利化

为落实《总体方案》"进一步简化优质企业跨境人民币

结算办理流程"要求，2020 年 2 月，中国人民银行上海总部指导上海市银行外汇及跨境人民币业务自律机制发布《新片区优质企业跨境人民币结算便利化方案（试行）》，指导区内银行在"展业三原则"基础上，凭企业收付款指令直接办理跨境贸易人民币结算业务。同月，中国银行、建设银行、浦发银行、上海银行等率先为新片区企业提供了跨境人民币结算便利化服务。同年 5 月，在新片区先行先试基础上，该项服务范围扩大到全市"两链"（供应链、产业链）和外贸企业，惠及企业 5000 余家。中国人民银行上海总部根据推进情况建立了银行便利化惠企政策督导机制和政策落地情况评估机制，扩大跨境金融便利化服务水平。优质企业认定向集成电路、人工智能等新片区重点发展产业领域的企业倾斜。截至 2022 年 5 月末，新片区共有 82 家企业纳入优质企业跨境人民币结算便利化方案。

截至 2024 年 7 月底，上海银行已协助 50 余家企业完成跨境人民币便利化备案，交易量过百亿元，超过 200 家企业通过该行享受跨境人民币便利化政策。截至 2024 年 6 月末，上海银行已累计为多家企业搭建 FT 账户跨境双向人民币资金池近 100 个，助力企业集团实现多币种资金调度，极大提高了资金使用效率。

【案例】上海正在打造国际油气交易和定价中心

2022 年 2 月新片区《条例》规定，打造国际油气交易中心，支持推出更多交易品种，构建反映亚洲地区市场供求状况的石油天然气价格体系。2022 年 5 月发布的《上海市能源发展"十四五"规划》提出，发挥上海石油天然气交易中心、上海国际能源交易中心两大国家级平台龙头作用，实现现货市场与期货市场联动。2022 年 7 月发布的《关于推动向新城导入功能的实施方案》将亚洲最大天然气现货交易平台上海石油天然气交易中心导入新片区，助力上海国际油气交易和定价中心建设，提升油气价格国际影响力。

上海石油天然气交易中心自成立以来，立足上海，面向世界，努力打造国际化、专业化、现代化的能源交易平台。在各方的积极配合下，上海石油天然气交易中心各项业务取得较快发展，截至 2024 年 5 月底，先后完成了 6 单油气跨境人民币结算交易，并完成了首单原油跨境数字人民币结算交易，在国内外引起了强烈反响。目前，上海石油天然气交易中心开展原油、成品油、管道天然气、液化天然气、LPG 等多个品种的现货交易，交易模式丰富，会员数量遍布全国。

二、推进全球资产管理中心建设

资产管理中心作为集聚现代金融机构和资源的平台，是国际金融中心城市吸引国际高能级资本的重要抓手，因此建设全球资产管理中心是上海国际金融中心"升级版"建设的重要内容之一。

（一）上海在资产管理方面有较大发展潜力

1. 我国在全球资产管理规模上位居美英之后

根据中国证券投资基金业协会发布的数据，截至 2023 年 6 月底，我国基金管理公司及其子公司、证券公司、期货公司、私募基金管理机构资产管理业务总规模约 68.07 万亿元。而同期美国与英国的资产管理规模分别为 213 万亿元、116 万亿元，比中国分别高出约 212.9%、70.4%（图 4-2）。

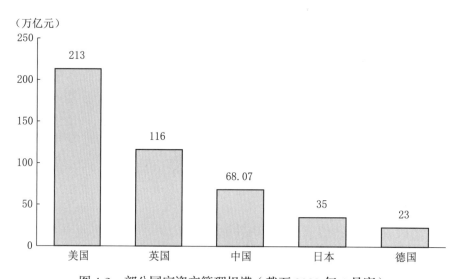

图 4-2　部分国家资产管理规模（截至 2023 年 6 月底）

数据来源：根据公开资料收集整理。

2. 上海在全球资产管理中心综合排名中仅列第七

根据中欧陆家嘴国际金融研究院发布的《2022 全球资产管理中心平均指数报告》，在全球资管中心排名中，纽约、伦敦、波士顿位居前三，新加坡、香港紧随其后；虽然 2022 年上海的指数排名有所上升，但仍未进入全球前五（表 4-1）。

表 4-1　2022 年全球资产管理中心综合排名

排　名	资管中心	综合评分	排名变化
1	纽约	97.2	—
2	伦敦	87.3	—
3	波士顿	86.6	—
4	新加坡	85	↑ 1
5	香港	84.9	↓ 1
6	芝加哥	84.8	↑ 3
7	上海	84.8	↑ 2
8	巴黎	84.6	↓ 2
9	多伦多	84.1	↑ 4
10	洛杉矶	83.3	↓ 3

资料来源：中欧陆家嘴国际金融研究院《2022 全球资产管理中心平均指数报告》。

（二）上海推进全球资管中心建设的实践

针对上海在资管领域与纽约、伦敦等全球顶级国际金融中心所存在的差距，2021 年 5 月，上海率先在全国提出打造全球资产管理中心的目标，在大力发展资产管理业务的同时，也做好金融风险管理和压力测试。

1. 加强顶层设计

目前上海已基本形成了包括全国性的货币市场、资本市场、外汇市场、商品期货市场、黄金市场、票据市场、保险市场、信托市场和金融衍生品市场等在内的较为完善的金融市场体系，该体系在金融资源配置中发挥着重要核心作用。在《关于加快推进上海全球资产管理中心建设的若干意见》中，上海已经明确了打造跨境金融资产配置的中心节点，以及成为市场和资金"交汇地"的目标。

2021年11月，临港新片区管委会发布《加快建设跨境资产管理示范区的若干措施》，支持符合条件的金融机构开展跨境证券投资、跨境保险资产管理等业务。探索设立支持中小资产管理机构的种子基金，鼓励成立股权转让受让基金。试点开展跨境理财通业务，探索建立居民跨境理财通道。2022年3月，银保监会、上海市人民政府联合印发《中国（上海）自由贸易试验区临港新片区科技保险创新引领区工作方案》，支持临港新片区在扩展保险资金产业投向、搭建科技金融综合支持体系、探索保险资金跨境投资方式、探索提高保险资金投资项目管理水平等方面创新科技保险资金运用方式。

2. 提升基础服务能级

上海为资管服务的专业金融机构和辅助配套设施快速发展。截至2023年8月，从事证券服务业务的专业机构已达284家，其中，会计师事务所、资产评估机构33家，律师事务所115家，信息系统技术机构136家，从事证券服务业务的专业机构数量较去年同期增长的16.42%（表4-2）。

表 4-2　上海资管服务机构分布趋势情况

机构类型	2021 年 7 月	2021 年 12 月	2022 年 3 月	2022 年 6 月	2022 年 8 月	2023 年 8 月
从事证券服务业务的会计师事务所、资产评估机构	23	25	29	29	29	33
从事证券法律服务业务的律师事务所	58	65	72	78	84	115
从事证券基金服务业务的信息系统技术机构	112	123	125	131	131	136

数据来源：根据资料整理。

3. 提高资产管理的创新能力

上海金融市场资管品种不断创新，愈发丰富。2021 年 6 月，上海证券交易所首批 5 只基础设施公募 REITs 正式上市交易，此次试点项目的顺利上市标志着我国公募 REITs 市场的建设取得了关键性的成功。2021 年 9 月，交银施罗德智选星光一年封闭运作混合型 FOF-LOF、兴证全球积极配置三年封闭运作混合型 FOF-LOF、广发优选配置两年封闭运作混合型 FOF-LOF、民生加银优享平衡 6 个月定期开放混合型 FOF-LOF、中欧汇选一年封闭运作混合型 FOF-LOF 等 5 只产品率先获监管批复。2022 年 5 月张江 ETF 系列产品推出，2022 年 7 月中证 1000 股指期货和期权、中证 500ETF 期权等挂牌上市。

2021 年，资本市场金融科技创新试点、私募股权和创业投资份额转让试点先后在上海落地。我国首批 9 家公募 REITs、首批 9 只双创 ETF 当中，上海的机构均占比三分之一。上海两家证券公司被纳入账户管理公募优化试点，新增 15 家证券基金经营机构取得基金投顾业务试点资格。

2021年12月，临港新片区管委会与交银租赁战略合作签约，完成国内金融租赁行业首单自贸区SPV跨境设备租赁创新项目落地。

三、推进CIPS系统建设

百年未有之大变局下，推进人民币跨境支付系统（CIPS）建设的意义更为凸显。《上海国际金融中心建设"十四五"规划》提出，支持人民币跨境支付系统（CIPS）建设，助力丰富CIPS系统功能，拓展系统参与机构。

（一）逆全球化下跨境结算系统的政治化更为凸显

国际资金清算系统（SWIFT）由环球同业银行金融电讯协会进行管理，是全球金融机构间进行信息传递的通道，包括支付指令和信息确认等，提供标准化的报文传输服务，运作原理如图4-3所示。WIFT的使用，给银行的结算提供了安全、可靠、快捷、标准化、自动化的通信业务，从而大大提高了银行的结算速度。美国的CHIPS（美元大额清算系统）是SWIFT的重要组成部分，是美国控制SWIFT支付系统的基础。"911事件"发生后，美国总统布什根据《国际紧急经济权利法案》，授权美国财政部海外资产控制力办公室可以从SWIFT调取"与恐怖活动有关的"金融交易和资金流通信息，增强了美国对SWIFT的控制力，也使得SWIFT日后成为美国对其他国家进行经济制裁的重要武器。

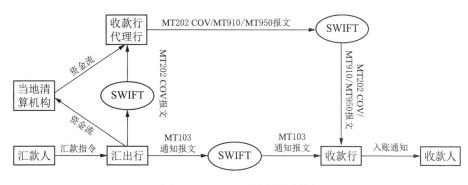

图 4-3　SWIFT 运作原理图

资料来源：Wallets Club。

2022 年 2 月 26 日，以美国为首的西方国家宣布禁止俄罗斯使用 SWIFT 国际结算系统，并配合以一系列制裁措施。SWIFT 系统在全球银行系统中具有不可替代性，因此禁用意味着俄罗斯的金融机构将无法与全球银行系统进行信息交互和确认，接近于失联。如果一国大量金融机构无法使用 SWIFT 系统，那么该国的国际贸易将受到重大影响。具体到俄罗斯，其石油和天然气出口主要面向欧洲、中国、印度、美国和非洲，这些大宗交易都依赖于 SWIFT 系统。虽然俄罗斯可以通过其他方式进行跨境资金支付和清算，但便利度和适用性将大打折扣。

SWIFT 的国际影响力还在逐年递增，经由 SWIFT 的跨境数据流通量也不断增加。如图 4-4 所示，SWIFT 处理 FIN 报文数量及日均处理报文数量逐年递增，2021 年时处理 FIN 报文数量较 2019 年增长约 26.2%，日均处理报文数量增长约 25.4%。

（二）上海推进 CIPS 系统建设的实践

人民币跨境支付系统（Cross-border Interbank Payment System,

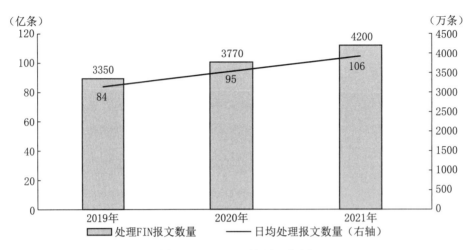

图 4-4　SWIFT 处理业务量

数据来源：SWIFT。

简称 CIPS）是由中国人民银行组织开发的独立支付系统，落户在上海，为境内外金融机构人民币跨境和离岸业务提供资金清算与结算服务，是中国重要的金融基础设施。在 SWIFT 沦为欧美国家政治工具的今天，我国更需加快推进 CIPS 系统建设。近年来，上海积极推进中国人民银行 CIPS 系统建设的实践。

1. 完善人民币跨境支付系统的功能

中国人民银行在 2012 年开始剥离 CNAPS 系统中的跨境清算业务，并开发了 CIPS（中国人民币跨境支付系统）。CIPS 的建设分为两个阶段。在第一阶段，CIPS 主要实现了跨境人民币业务的处理，并采用了实时全额结算方式，为跨境贸易、投资、融资和个人汇款等业务提供了清算服务。第二阶段进一步提升了 CIPS 的功能和覆盖范围。CIPS 第二期实现了 24 小时全天候服务，并支持全球各时区金融市场的人民币使用需求。它引入了混合结算机制，增加了定时净额结算，并支持付款、DvP 结算、PvP 结算、中央对手集中清算等业务。

此外，CIPS 还引入了金融市场基础设施直参，使得更多的金融机构可以直接参与其中。

近年来，CIPS 加大对人民币跨境支付的支持，其主要特点如下：

第一，CIPS 支持混合结算方式，即实时全额结算和定时净额结算，便于使用者选择。CIPS 运行时间为 5×24+4 小时，基本覆盖全球金融市场的运行时间。

第二，不同于其他清算模式，每个直参和间参在 CIPS 系统中都有全球通用的唯一标识 BIC 码以便于识别。境外银行也可以申请成为直参，直接进行清算业务，便利人民币跨境结算。同时，CIPS 系统为直参、间参、企业分别推出 CIPS 标准收发器，实现"一个标准，直通全程"，打通上下游链路，基于统一接口、统一标准实现跨境人民币业务一体化处理，避免了企业与银行多头接触，对账务信息进行全面、透明化管理，从而提升跨境支付效率，降低成本和合规风险，便利跨境贸易和投融资结算。

2. 持续扩大参与者覆盖面

CIPS 不断创新支付清算服务，发展汇路优选、支付透镜、跨行账户集中可视等增值产品服务，提升跨境支付效率，降低跨境支付成本，满足共建"一带一路"国家和地区的需求。通过服务资金融通，CIPS 不仅助力我国与共建"一带一路"国家和地区的"五通"发展，也促进了共建国家和地区之间的贸易往来和经济发展（图 4-5）。

截至 2023 年 11 月底，CIPS 系统共有参与者 1481 家，其中直接参与者达到 119 家，间接参与者达到了 1362 家。间接参与者中，亚洲占到 1010 家，欧洲占到 238 家，非洲占到 48 家，北美洲占到 28 家，南美洲占到 17 家，大洋洲占到 21 家，共计覆盖了 104 个国家和地区。[1] 2023 年直接参与者数量较 2017 年年底增长约 283.9%，间接参与者较 2017 年年底增长约 101.2%（图 4-6）。

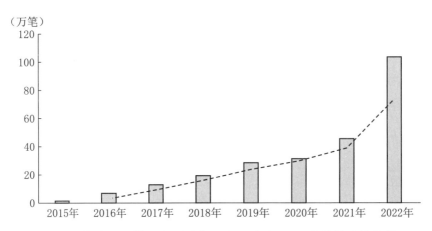

图 4-5　共建"一带一路"国家和地区通过 CIPS 清算的清算笔数

数据来源：邬向阳、王若萱、王博：《CIPS 高效服务"一带一路"资金融通》，《中国金融》2023 年第 11 期。

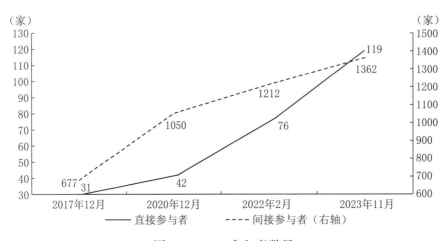

图 4-6　CIPS 参与者数量

数据来源：根据资料整理。

---

[1]　刘惠宇：《已有 1481 家参与者，CIPS 四大产品亮相，人民币跨境支付再升级》，上观新闻，2023 年 11 月 23 日。

四、积极化解房地产市场金融风险

房地产市场与金融市场之间存在密切的关系，这种关系不仅影响着房地产市场的发展，也影响着金融市场的稳定，乃至对整个经济体系健康发展都产生重要影响。近年来，上海积极化解房地产市场金融风险，维护房地产市场和金融市场的稳定发展。

（一）我国房地产市场金融风险不容忽视

近年来，我国境内房地产市场的违约主要是房企拖欠应付账款和延迟保交房。从债券市场来看，超过 1/4 的发债房企已债券违约。从股票市场来看，在内地和香港上市的房地产公司，退市、ST、停牌的达 30 多家。

同时，房地产企业违约和地方债务问题相互交织，并进而影响银行业的稳定，尤其是中小银行的稳定，有可能引发系统性金融风险。考虑到银行业稳健运行对于中国金融体系的重要性，一旦爆发银行业危机，中央政府势必会介入救援。无论采取剥离银行不良资产、注入资本金的方式，还是为银行提供偿债担保，都涉及中央财政注入巨额财政资金进行纾困。而在地方政府资金捉襟见肘的情况下，中央财政不得不通过自身加杠杆的方式筹集资金。

（二）上海防范房地产市场金融风险的实践

为稳定房地产市场，防范金融风险，2020 年 9 月，上海市政府制定了《上海市扩大有效投资稳定经济发展若干政策措施》。该政策旨在激发社会投资活力，而企业投资占据了全社会投资的 75% 以上，主要集中在房地产开发和制造业领域。这项政策推出了一系列措施，包括保持土地市场的交易平稳有序、加快经营性用地的出让节奏、加快城市更新进程、降低房企入市成本压力，以及提高存量土地投资强度等（表4-3）。

表4-3　2020年《上海市扩大有效投资稳定经济发展若干政策措施》

政　策	内　容
保持土地市场交易平稳有序	重大公共卫生事件期间，对采取定向挂牌出让的地块，取消现场交易环节，直接电子挂牌交易并确认竞得。对公开招标拍卖挂牌方式出让的地块，现场交易环节通过网络方式进行
加快经营性用地出让节奏	夯实土地供应计划，适当增加年度土地供应量。针对不同出让方式，采取差别化入市管理
加快推进城市更新	存量工业用地经批准提高容积率和增加地下空间的，不再增收土地价款。支持利用划拨土地上的存量房产发展新业态、新模式，土地用途和权利人、权利类型在5年过渡期内可暂不变更
减轻房企入市成本压力	今年开工建设的住宅项目可延期缴纳城市基础设施配套费。允许符合条件的房企延期缴纳土地增值税
降低制造业项目用地成本	保障重点转型区域制造业用地规模。协调推进桃浦、南大、吴淞、吴泾、高桥等重点区域整体转型，降低项目落地成本
提高存量土地投资强度	精准实施混合用地出让、容积率提升、标准厂房分割转让、绿化率区域统筹等政策，高效利用存量土地

资料来源：2020年《上海市扩大有效投资稳定经济发展若干政策措施》。

为了更好地满足改善性住房需求，使更多购房者能够享受首套房贷款的首付比例和利率优惠，上海于2023年9月1日发布了《关于优化我市个人住房贷款中住房套数认定标准的通知》，实施购买首套房贷款"认房不用认贷"政策措施。根据通知规定，居民家庭（包括借款人、配偶及未成年子女）在上海市名下无成套住房的情况下，不论是否已利用贷款购买过住房，银行业金融机构均按首套住房执行住房信贷政策。

2024 年 1 月 12 日，住房城乡建设部和金融监管总局联合印发了《关于建立城市房地产融资协调机制的通知》。通知要求在地级及以上城市建立城市房地产融资协调机制。2024 年 2 月 2 日，国家金融监督管理总局上海监管局召开 2024 年工作会议，提出要加快推进上海房地产融资协调机制落地见效，阻隔各类风险交叉传染。上海各级政府和金融机构积极落实这一要求，维护房地产市场的稳健发展。如上海奉贤区、青浦区先后发布新城区域人才购房政策，降低非沪籍人才社保或个税限制年限，并将购房资格由居民家庭调整为个人。在上海房地产融资协调机制的支持下，中国工商银行上海市分行牵头银团成员，共同对本市城市房地产融资协调机制"第一批可以给予融资支持的房地产项目名单"内"海泰北外滩"项目新增贷款投放近亿元，满足了项目合理融资需求。[1]

第三节　金融风险管理和压力测试的国际经验和教训

近年来，世界各国都非常重视金融风险管理和压力测试。美国的金融压力测试主要由美联储（Fed）负责实施，英国的金融压力测试主要由金融政策委员会和审慎监管署来执行，欧盟金融压力测试主要

---

[1]《工行上海市分行牵头发放首笔上海房地产融资协调机制名单内项目贷款》，中国金融新闻网，2024 年 3 月 13 日。

由欧洲银行管理局（EBA）负责实施。美国、英国、欧盟在金融风险管理和压力测试上有丰富的实践经验，值得上海借鉴。同时，2023年发生的美国硅谷银行破产事件也提醒上海在国际金融中心建设中要强化金融风险管理和压力测试。

一、美、英、欧盟高水平金融中心压力测试的经验借鉴

在金融风险管理和压力测试中，美、英、欧盟高水平金融中心有一些共同点，如加强金融审慎监管，但也都有各自的特色，其经验值得上海借鉴。

（一）美国的压力测试

1. 美国不断提高金融审慎监管标准

2015年7月，美联储通过美国的全球系统重要性银行（G-SIBs）附加资本规定；2016年3月，美联储提议出台规则，规范大型银行业金融机构对单一交易对手的信贷集中度；2016年5月，美联储提议出台一项新规，要求美国G-SIBs和外资G-SIBs的美国分支机构修改金融合同条款，在其进入破产程序后48小时内交易对手不得解除合同，以防止出现大规模解除合约，引发资产甩卖；2016年12月，美联储通过新规，要求美国G-SIBs和外资G-SIBs的美国分支机构自2019年起需保留足够规模、能在处置时转化为股权的长期负债，同时还需满足相应的总损失吸收能力（TLAC）要求；2017年12月，美国参议院银行、住房与城市事务委员会提出了《经济增长、监管放松和消费者保护法案》，该法案特别关注中小型金融机构的监管放松。美国

关于提高金融审慎监管标准的办法如表 4-4 所示。

表 4-4　美国提高金融审慎监管标准的办法

时　间	内　容
2015 年 7 月	美联储通过美国 G-SIBs 附加资本规定
2016 年 3 月	美联储提议出台规则，规范大型银行业金融机构对单一交易对手的信贷集中度
2016 年 5 月	美联储要求美国 G-SIBs 和外资 G-SIBs 的美国分支机构修改金融合同条款，在其进入破产程序后 48 小时内交易对手不得解除合同
2016 年 12 月	美联储要求美国 G-SIBs 和外资 G-SIBs 的美国分支机构自 2019 年起需保留足够规模、能在处置时转化为股权的长期负债，同时还需满足相应的 TLAC 要求
2017 年 12 月	美国参议院银行、住房与城市事务委员会提出了《经济增长、监管放松和消费者保护法案》
2019 年 9 月	证券交易委员会（SEC）降低了满足特定要求的交易所交易基金（ETFs）的市场准入门槛
2019 年 10 月	货币监理署（OCC）、美联储和联邦存款保险公司（FDIC）规定资产规模 100 亿美元以下、符合特定条件的社区银行可适用简化的资本充足要求；2019 年 11 月，美联储和 FDIC 降低了对较小机构的处置计划要求。采取措施提高监管机构收集信息的数量和质量。金融研究办公室（OFR）开始收集集中清算回购协议的交易数据；商品期货交易委员会（CFTC）采取措施提高掉期数据库的数据准确性；SEC 开始收集有关投资基金流动性水平和投资组合持有情况的信息
2020 年	监管部门建立判断公司对银行是否拥有控制权的全面框架；将压力测试结果运用到确定银行资本充足要求中，简化大型银行资本框架；修改沃尔克规则，放松关于禁止银行投资对冲基金或私募股权基金的限制；出台净稳定资金比率（NSFR）最终规则；就银行互持 TLAC 工具出台更严格的资本要求等
2021 年	监管扩大实施净额结算的金融机构范围，以降低金融体系风险并提高效率；针对银行与金融科技公司等第三方的合作日益密切，发布相关指南，帮助银行评估金融科技公司相关业务风险；多部门联合发布关于规范加密资产监管的政策声明和未来工作路线图；加强网络安全事件信息共享，发布监管规则要求银行在发生重大网络事件后及时向监管部门报告

资料来源：Bloomberg。

2. 美国开展银行业的压力测试

2021 年 6 月，美联储公布了针对 23 家大型银行开展压力测试的结果。结果显示，参试银行均通过了压力测试，在重度压力情景假设全球经济严重衰退且市场避险情绪加剧的情况下，参试的银行都具有足够的资本来吸收损失。可见，在美国持续的风险测试下，大多银行已具备较好的抗风险能力。美国参加压力测试的银行数量如图 4-7 所示。

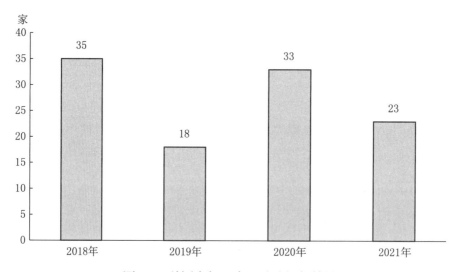

图 4-7　美国参加压力测试的银行数量

数据来源：Bloomberg。

（二）英国的压力测试

2012 年，英国通过了《金融服务法》，确定了英格兰银行在货币政策、宏观审慎政策和微观审慎监管方面的核心地位。根据该法案，英格兰银行成立了金融政策委员会（FPC），负责宏观审慎政策，并设立了审慎监管局（PRA）和金融行为局（FCA），共同负责微观审慎监管，取代了原来独立的金融服务局（FSA）。近些年来英国有关完善宏观审慎政策的举措如表4-5所示。

表4-5　英国关于完善宏观审慎政策的具体举措

时间	内　容
2014 年	英国金融政策委员（FPC）会加强住房抵押贷款标准，引入偿付能力测试
	FPC 设置贷款收入比限制，对超过一定比例的高比例借款进行限制
	FPC 获取对房地产市场的建议指导权，可以设定 LTV 和 DTI 限制
	FPC 获取对杠杆率的建议指导权，可指导设置杠杆率及缓冲要求
2015 年	FPC 明确逆周期资本要求，允许对特定领域风险增加资本要求
	FPC 发布杠杆率工具政策说明，包括三种杠杆率要求和缓冲要求
	FPC 发表 LTV 和 DTI 工具的政策说明，以限制放贷行为
2016 年	FPC 将 CCyB 要求从 0.5% 下调至 0%，以缓解金融不稳定性和经济前景的不确定性
	FPC 采取措施以避免银行惜贷和囤积资本
2018 年	FPC 将 CCyB 要求上调至 1%，要求银行业额外计提 114 亿英镑的资本
2019 年	FPC 将 CCyB 提升至 2%
2020 年	因 COVID-19 疫情严重影响市场，FPC 将 CCyB 下调至 0%，以支持银行系统放贷能力
2021 年	英国维持宽松的宏观审慎政策，如取消部分压力测试及维持系统性风险缓冲比率等
2022 年	FPC 提高 CCyB 至 1%

资料来源：Bloomberg。

（三）欧盟的压力测试

1. 欧盟推动建立银行业联盟

2014年4月15日，欧洲议会通过了银行业恢复与处置法、银行业单一处置机制法和修订后的存款担保计划指令三项关键性法案。这不仅展示了欧盟加强跨国金融监管的决心，同时标志着其在创建一个更为稳定和一体化的银行市场方面迈出坚实步伐。特别是根据银行业单一处置机制法案的规定，欧洲议会设立了 550 亿欧元的处置基金，并组建了单一处置委员会；该委员会由欧央行、欧盟委员会及成员国的处置当局共同参与，负责统筹处理欧元区银行的破产与重组工作。

2. 欧盟建立欧盟共同存款保险机制

随着欧洲央行加强了对系统重要性大型商业银行的监管，并且单一处置机制（SRM）于 2016 年 1 月 1 日开始正式运作。这个单一处置机制是在危机后为了避免如 2008 年金融危机所带来的破坏而设立的，旨在确保银行破产和重组能够在不影响金融稳定的前提下进行，而不再需要用到公共资金救援。

该背景下，欧洲银行业联盟的第三大支柱即共同存款保险机制也有所进展。2015 年 11 月，当欧盟委员会提出了分阶段实现共同存款保险机制的"三步走"方案。该计划预计将在 2023 年底前建立，将约占欧盟受保存款总额的 0.8%。届时，共同存款保险基金也将确保欧洲银行系统中储户资金更安全。

3. 欧盟实施针对影子银行的监测

在 2016 年 7 月，欧洲系统性风险委员会（ESRB）发布的首份欧盟影子银行监测报告提到，影子银行在欧盟地区增长迅速。到 2015 年年底，其规模达到了惊人的 37 万亿欧元，相当于整个欧盟金融部门总资产的 36% 以及超过欧盟 GDP 的两倍半（250%）。这一比例说明非传统银行金融机构在市场上扮演着不容忽视的角色，管理着大量的资产，并可能对整体金融稳定性构成重要的影响。

　　然而，在 2017 年 5 月的监测显示，2016 年欧盟影子银行规模的增速有所放缓。这一变化可能是由于更严格的监管环境、市场参与者对风险更为谨慎的态度，或是影子银行领域内的自我调整等因素共同作用的结果。虽然增速放缓，但影子银行仍是金融系统中一个需要持续监测的重要对象，目的在于确保不会因高杠杆率、缺乏透明度等问题导致系统性风险的集聚。因此，ESRB 和其他监管机构需要继续对这一领域进行密切的监控，同时也需要研究制定适当的政策来确保该领域的健康发展不会危及整个金融系统的稳定。欧盟关于加强监管影子银行的举措如表 4-6 所示。

表 4-6　欧盟关于加强监管影子银行的举措

时间	内　容
2011 年	提出加强对中央对手方、OTC 衍生品和交易存储的监管指令
2012 年	发布了《影子银行体系绿皮书》，详细介绍了影子银行的定义、范围和监管范畴
2013 年	欧盟发布了《影子银行——应对金融部门的新的风险来源》，要求增强影子银行透明度，制定证券法和基金监管架构，并提出改进影子银行监管等策略
	欧盟发布了《关于货币市场基金监管的立法建议草案》
2014 年	欧盟在《证券融资交易和再利用透明度和修改欧盟第 648/2012 号条例的条例》中对证券融资跨境监管问题作出规定

资料来源：根据资料整理。

二、美国硅谷银行破产危机的教训和启示

　　2023 年 3 月，主要为初创企业提供融资服务的美国硅谷银行破产倒闭，对全球金融体系造成了重大冲击。这对上海在国际金融中心

建设中如何强化风险管理和压力测试也提供了一些启示。

（一）美国硅谷银行破产的过程

1. 破产前硅谷银行业务发展重心偏离轨道

（1）美联储降息刺激科技企业在硅谷银行存款激增

新冠疫情暴发后，美联储为刺激经济，实施长时间无限量化宽松政策，导致基准利率降至接近于零。这一举措引发了美国科技企业的融资热潮，科技创业公司纷纷将大量现金存款存入硅谷银行。硅谷银行的存款量从 2019 年的 629.4 亿美元增长到了 2022 年的 1753.8 亿美元。虽然 2022 年较 2021 年有所回落，但总体上仍呈现出较强的增长趋势，2022 年较 2019 年增长了约 178.6%（图 4-8）。

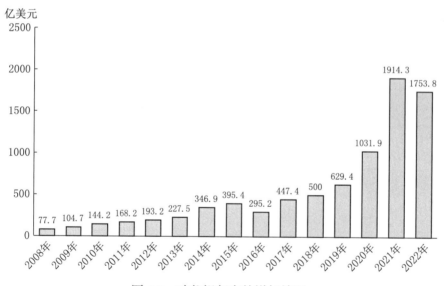

图 4-8　硅谷银行存款增加情况

数据来源：US bank locations。

（2）硅谷银行资产配置结构呈"借短投长"格局

在资产配置方面，硅谷银行将大量资金配置在与利率强相关的美

国国债和抵押支持债券（MBS）上。在低利率的 2020 年到 2021 年
期间，硅谷银行大量购入了美国国债和 MBS。在这段时间内，他们
增持了 600 亿美元的美国国债，持有量从将近 400 亿增长到了 1000
多亿。因此，硅谷银行在资产负债配置上形成了"借短投长"的格
局，导致久期错配。负债端大量的低息、短期资金（七成活期存款）
投向了资产端长期、低风险、低收益的债券投资（大部分是美国国债
和 MBS）。

2023 年 10 月，美国联邦基金利率已高达 5.33%，而 2021 年 10
月这一数据仅有 0.08%，两年间联邦基金利率已增长约 6562.5%（图
4-9）。由于 MBS 的负凸性特征，利率上升时，居民更愿意慢慢还贷
款而不会提前还贷款，这使得硅谷银行越来越难以应对负债端持续的
资金流出。2022 年美联储加息造成了硅谷银行的资产端国债和 MBS
出现大量浮亏，短时间内无法收回资金，而现金储备也不足；负债端
存款持续流出，负债成本持续上升（图 4-10）。

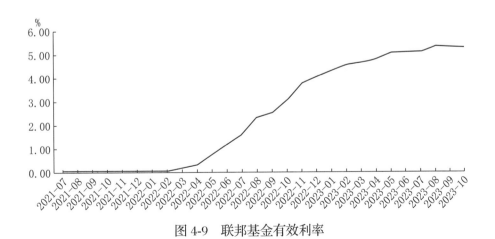

图 4-9 联邦基金有效利率

数据来源：美国联邦储备系统理事会。

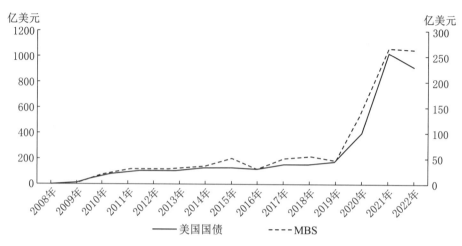

图 4-10　硅谷银行所持美国国债和 MBS 市值走势

数据来源：US bank locations。

2. 硅谷银行风险管理不当最终导致银行破产

（1）硅谷银行流动性资金占比异常

长期以来，硅谷银行的现金加到期存款及备付金只占整个存款余额的 5%，而一般商业银行要达到 20%。硅谷银行的存款具有非常高的流动性，因此存在流动性资产严重不足的问题，甚至不能应对常规存款提取。

（2）硅谷银行未做必要的风险对冲

由于利率上升，硅谷银行主要投资的 MBS 的久期拉长，导致居民提前还贷款意愿下降。在负债端资金持续流出的情况下，硅谷银行没有风险对冲工具和流动性准备，只得紧急出售长久期资产，导致资本充足率急剧下降，浮亏得以确认。为了解决资金问题，硅谷银行被迫向投行融资并向市场传递负面信息，最终引发挤兑并被接管。

（二）美股硅谷银行破产的深层次原因分析及启示

1. 硅谷银行破产深层次原因分析

（1）客户结构单一和偏离主营业务是硅谷银行破产的直接原因

硅谷银行业务聚焦于科技创新企业，构建了服务科创企业的金融生态圈，使服务对象较为集聚，客户所在行业过于单一，导致风险不能分散。同时，近年来硅谷银行的资产与负债结构偏离了原始模式。其过度向金融资产投资倾斜，而不是专注于擅长的科创企业融资服务。

（2）硅谷银行风险管理不当是其破产的核心原因

首先，硅谷银行使用配资法管理流动性，与商业银行的资金管理办法有所不同。其次，硅谷银行未对存款流失和债券减值的风险进行适当的风险对冲，存在侥幸心理。接着，美国监管机构在资本充足率上存在记法问题，导致硅谷银行销售资产后面临资金短缺问题。最后，硅谷银行未进行相应场景的压力测试，未考虑美联储先宽松后加息的做法。

（3）分类监管下美国对中小银行监管过于宽松是硅谷银行倒闭的深层次原因

从表象上看，资产负债期限错配（借短投长）在持续加息环境下引发的流动性风险暴露是硅谷银行破产的主要原因，但深层次的原因却是在差异化监管下美国对中小银行监管过于宽松。2018 年美联储基于《经济增长、监管放松和消费者保护法案》（*Economic Growth, Regulatory Relief, and Consumer Protection Act*），对金融机构监管标准进行了修订，将银行分为五档，对第四、第五档银行资本要求、流动性监管要求均有所放松。

一是累计其他综合收益（AOCI）浮亏不计入核心一级资本，致硅谷银行资本充足率虚高。在 2020—2021 年的零利率阶段，硅谷银行进行了大量的债券投资，在 2021 年年底最高峰时持有美国国债达到 160 亿美元，持有抵押支持债券（MBS）则高达 1000 亿美元。在会计处理上，硅谷银行将国债记入可供出售金融资产（AFS），将 MBS 记入持有至到期金融资产（HTM），因此资产市值波动不会直接反映在损益上，只有出售才会确认损益。更为重要的是，这样的会计处理还能让硅谷银行享受到资本计量方面的"豁免"。根据美国金融监管制度规定，硅谷银行处于第四类银行范畴，不需要设置逆周期资本缓冲，可以将累计其他综合收益（AOCI）项目从资本中扣除。AOCI 包括某些资产和负债在变现前未实现的收益或亏损，该项目从资本中扣除后，即便银行出现浮亏，资本充足率仍保持"虚高"。此次事件发生前，硅谷银行披露的资本充足率是没有考虑 AOCI 亏损的；而 2023 年 3 月 8 日的公告披露了 18 亿美元的浮亏，导致资本充足率下跌大约 1.65 个百分点，因此市场开始质疑硅谷银行的资本真实性。[1] 在考虑硅谷银行持有到期债券（HTM）科目下的 150 亿美元浮亏后，市场对其真实的资本充足率更加产生怀疑，硅谷银行的股价大跌 60%，就是市场对其真实资本的大幅折价。而股价下跌破坏了存款人的信心，进而引发了挤兑。

---

[1] 招商银行研究院资产负债管理部，《硅谷银行倒闭的复盘、反思与启示》，腾讯网，2023 年 3 月 13 日。

二是放松资本和流动性压力测试，导致硅谷银行资产无序扩张。根据美国金融监管制度规定，第四类银行的监管压力测试频率从一年一次放宽至两年一次、流动性压力测试则从每月一次减少至每季度一次，第五类银行甚至不需要自行进行资本压力测试。此次破产的硅谷银行和签名银行均属于总资产1000亿美元以上的第四类银行，其破产也侧面反映出美国对中小银行放松资本和流动性压力测试，导致资产无序扩张，从2020年下半年开始，其存款规模在一年多的时间里从760亿美元上升至1900亿美元，给银行稳健运营带来较大风险。

三是放松流动性指标要求，加大了硅谷银行流动性风险。近年来，美联储对金融机构监管标准进行了修订，对流动性监管规则进行了"细化"及"弱化"，对第四类银行中的加权短期批发性融资额小于500亿美元的银行和第五类银行的流动性覆盖率（LCR）、净稳定资金比例（NSFR）没有提出具体的监管要求。其中，流动性覆盖率＝合格优质流动性资产÷未来30天现金净流出量；净稳定资金比例＝可用的稳定资金÷所需的稳定资金。而硅谷银行则属于加权短期批发性融资额小于500亿美元的第四类银行。此次事件暴露出由于放松流动性指标要求，硅谷银行在超配长久期资产的同时并未预留出充足的现金及现金等价物，期限过度错配极其容易引发流动性风险。

2. 启示

（1）完善商业银行差异化监管改革方案

硅谷银行事件发生后，重点针对资产规模在1000亿至2500亿美元之间的银行，美联储正在审议一系列更严格的资本和流动性要求，以及强化年度"压力测试"的措施。硅谷银行事件也对我国当前正在推进的商业银行差异化监管及时敲响了警钟，因此要更加完善我国商业银行差异化监管改革的方案。

2023 年 2 月，银保监会、人民银行出台《商业银行资本管理办法（征求意见稿）》，提出了要构建差异化资本监管体系，使资本监管与银行资产规模和业务复杂程度相匹配，降低中小银行合规成本。此次修订，按照银行间的业务规模和风险差异，划分为三个档次，规模较大或跨境业务较多的银行，划为第一档，对标资本监管国际规则；资产规模和跨境业务规模相对较小的银行纳入第二档，实施相对简化的监管规则；第三档主要是规模小于 100 亿元的商业银行，进一步简化资本计量并引导聚焦服务县域和小微企业。建议在此基础上我国要重视对不同档次银行监管指标表现的监督力度，强调中小银行资本和流动性信息披露的必要性、准确性与完整性，并提高对中小银行所递交内部资本充足评估程序报告的关注、审阅，加强相关检查工作。

（2）强化商业银行业务管理

吸取美国硅谷银行破产教训，我国金融监管部门应加强对各银行机构房地产贷款、小企业贷款、个人贷款、代发工资、代理保险、银行承兑汇票、电子银行、中间业务等方面的检查力度。对每项检查进行深入、全面、实际的审查。例如，在中间业务检查中，特别关注融资顾问费、财务顾问费、担保业务收入等，不仅仅是检查企业签订的收费协议和方式，而且更要关注收费准确性、遗漏情况，以及贷款利率执行的正确性，防止人为的错误和遗漏情况。

第四节 对上海强化金融风险管理与压力测试的政策建议

2024 年 1 月，上海市市长龚正在上海市人民政府记者招待会上表示，实施高水平金融对外开放，一直是上海国际金融中心建设的重要任务，也是未来增强竞争力和影响力的关键所在。下一步，上海要配合中央金融管理部门，稳步扩大金融领域制度型开放，努力做到"三个更好"。一是更好发挥先行先试作用，依托浦东、临港新片区等重点区域，开展更大程度的金融压力测试，打造国际金融资产交易平台，推进跨境金融、离岸金融等领域创新试点。二是更好拓展双向开放成果，坚持"引进来"和"走出去"并重，积极开发面向国际的金融产品，提升跨境投融资便利化，加大对共建"一带一路"的金融支持，吸引更多外资金融机构和长期资本来沪展业兴业。三是更好统筹金融开放和安全，上海要积极参与国际金融治理和监管协作，切实增强安全可控能力，牢牢守住不发生系统性金融风险的底线。[1]龚正市长的讲话为上海强化金融风险管理与压力测试指明了方向。根据龚正市长所提出的"三个更好"，借鉴国际经验，本节提出新征程上上海强化金融风险管理与压力措施的政策建议。

一、总体思路

2024 年 1 月，习近平总书记在省部级主要领导干部推动金融高

---

[1] 宋薇萍、严曦梦：《上海如何进一步扩大金融对外开放？上海市市长龚正：开展更大程度金融压力测试 打造国际金融资产交易平台》，《上海证券报》2024 年 1 月 27 日。

质量发展问题研讨班开班式上强调，"要以制度型开放为重点，推进金融高水平对外开放"。上海要在我国的金融制度型开放中发挥引领作用，并在金融制度型开放中强化金融风险管理和压力测试。

（一）大力推进金融制度型开放

1. 我国推进制度型开放的背景和特点

当前，我国对外开放最鲜明的时代特征是制度型开放。从 2018 年年底中央经济工作会议首次明确提出"制度型开放"的要求，到 2019 年年底党的十九届四中全会进一步明确提出"推动规则、规制、管理、标准等制度型开放"，标志着我国对外开放不断向制度层面纵深推进。

（1）制度型开放的必要性和紧迫性

从我国发展阶段来看，随着人口、土地等传统要素的低成本优势不断减弱，我国迫切需要在经济管理体制机制等领域重构新的竞争优势，加快经济发展从低成本要素依赖向人才、信息、数据、技术等创新要素驱动转变。从对外开放主要领域来看，服务业开放是今后更高水平对外开放的重点。目前，我国制造业已基本形成全行业开放，当前利用外资总量的 70% 以上集中在服务业领域。服务业不同服务产品的差异很大，表现形式、依托载体、交易方式等都不同，不同服务行业的规则、管理、标准等各异。推进服务业开放，关键是要构建开放型的行业管理制度。从国际经贸形势来看，以 CPTPP 等为代表的全球双边或区域自由贸易协定正在重构国际经贸新规则，也主要涉及服务业开放。为了在国际经贸规则重构中争取主动，我们迫切需要从国内制度层面进行改革创新，推进制度型开放。

（2）制度型开放的特点

一是开放政策制度由边境向边境内延伸。过去商品和要素的流动型开放，主要表现为边境措施，比如降低进出口关税、开放外商投资准入等。而制度型开放政策主要是公平竞争、知识产权、金融服务、权益保护等边境后的国内制度改革，使改革与开放的关系更为密切，开放就是改革，改革就是开放。

二是开放政策制度由单项政策向系统改革拓展。制度型开放不像税收减免、土地优惠，只要单项政策就能迅速见效，而是要解决企业准营和准营后生产经营所有环节的问题，只有打通链条、形成闭环，才能真正发挥作用。

三是开放政策制度由标准化向定制化转变。不同产业所需的开放政策制度各不相同，必须深入研究不同产业的政策需求，量身定制个性化政策，推进差异化改革。

2. 上海推进金融制度型开放的重点内容

金融制度型开放是制度型开放的重要内容，上海在推进金融制度型开放中需要在金融开放创新、跨境人民币结算、海外融资等方面加强探索，重点把握三个方面的内容：

一是稳步推进资本项目可兑换先行先试，积极发展离岸金融。上海应积极争取中央支持，配合相关的中央部委，结合企业实际需求，主动设计提出资本项目可兑换和发展离岸金融具体试点的业务场景、监管举措等工作方案，推动相关制度创新尽快落地。

二是进一步扩大金融服务业对外开放，集聚高能级外资金融机构。上海应抢抓金融扩大开放机遇，吸引更多外商独资公募、外商独资证券、外商独资理财子公司等落地，打造全球金融科技高地、资产管理中心、融资租赁高地。

三是完善金融基础设施和产品体系。上海应进一步支持 CIPS 系统建设，加快设立国际金融资产交易平台，打造大宗商品定价中心。

（二）在金融制度型开放中强化金融风险管理和压力测试

习近平总书记在中央金融工作会议上指出"金融活，经济活；金融稳，经济稳"，强调了金融稳定对经济发展的重要性。在金融制度型开放的背景下，金融机构面临着更复杂的市场环境和更多元化的风险挑战，因此强化压力测试显得尤为重要。上海如何在金融制度型开放中强化金融风险管理和压力测试，提出以下四点建议：

1. 设立统一的压力测试框架

确保包括银行、保险、证券等金融机构在内的全面评估和测试。明确压力测试的目标，如评估金融体系在不同经济环境下的抗风险能力，并为监管决策提供重要信息。建立综合评估指标体系，涵盖资本充足率、流动性风险、信用风险、市场风险等关键指标。采用多维度的测试方法，包括宏观经济情景分析、压力测试模型、压力测试计算工具等。

2. 加强金融数据的收集、整理和质量控制

确保数据的完整性、准确性和时效性。统一数据标准和定义，确保各金融机构提供的数据可比性和一致性。应用风险度量模型和方法，利用数据对各项风险进行测量和评估，例如债务违约风险、市场流动性风险、利率风险等。

3. 基于不同的宏观经济情景进行定量的风险模拟和分析

包括宏观经济变量和金融市场条件的变动。根据各类风险的相关

性和传染性特点，建立相应的模型和算法，以更准确地估计整体系统风险。结合宏观经济和金融政策的变化，在不同压力测试情景下评估金融机构的资本充足率和流动性情况。

4. 将压力测试结果纳入金融监管和风险管理的决策制定过程

将压力测试结果作为评估风险和采取相应措施的重要参考依据。建立有效的风险应对措施，以应对不同的压力测试情景，包括资本补充、流动性管理、风险分散等方面的措施。强化信息披露，及时公布压力测试的结果和分析，以提高金融市场透明度和参与者对金融风险的认识。

二、重点举措

围绕金融制度型开放这一核心，为提高国际金融中心的竞争力和影响力，上海应强化风险压力测试，加快推进国际金融资产交易平台建设，推进本外币一体化资金池投融资功能，严格防范金融数据跨境流动风险、跨境资金流动风险、金融领域人工智能应用风险等。

（一）加快推进国际金融资产交易平台建设

2021 年 7 月，中共中央、国务院发布《关于支持浦东新区高水平改革开放　打造社会主义现代化建设引领区的意见》，支持在浦东设立国际金融资产交易平台。

中央和上海均高度重视浦东引领区国际金融资产交易平台的建设，并且已基本确定将这一平台建在临港新片区。2022 年 8 月，临港新片区管委会正式发布《临港新片区加快发展新兴金融业行动方案》，提出临港新片区将推进国际金融资产交易平台建设。

1. 上海国际金融资产交易平台建设存在的问题及原因分析

（1）存在的主要问题

一是上海自贸试验区已有平台制度创新的力度不大。上海自贸试验区现有金融交易平台建设的模式都是采取分别设立的方式，并没有打破现有交易所的分工格局和监管模式，改革试验性不强，平台的成长性受到制约。以上海原油期货为例，其发展已遇到天花板，与国际上两大国际原油期货相比，差距还很大。

二是新建平台推出步伐较为缓慢。早在 2020 年 11 月，习近平总书记就提出要支持浦东"建设国际金融资产交易平台"，但至今这一平台落地步伐仍较为缓慢。

（2）原因分析

一是受到国内外宏观经济金融环境的制约。国际金融资产交易平台的建设需要我国在资本项目对外开放方面加大力度，但由此也带来了潜在金融风险较大，需要一定的国内外经济金融环境。近年来，受美联储激进加息等因素影响，我国对资本项目对外开放的态度更为审慎，更加重视金融风险的防范。

二是协同推进的难度较大。上海建设国际金融资产交易平台需要得到中国人民银行、证监会、金融监管总局、国家外汇管理局等部门的大力支持。在目前我国金融强监管的背景下，这些中央金融监管部门虽然积极支持上海建设国际金融资产交易平台，但对金融风险防范也高度重视，要求上海在制定平台建设方案时提出更加完善的风险防范措施。

2. 加快推进上海国际金融资产交易平台建设的建议

（1）以支持上交所在临港新片区设立"国际板"作为突破口

以设立证券市场"国际板"为重要突破口，吸引世界一流科创企业通过发行存托凭证和债券融资，并专门用于临港新片区建设，逐步打造一个由优质外国上市公司和企业为主体的离岸人民币资本市场。该平台作为上海证券交易所子板块，专板运营、专板管理，结合"沪伦通"发行存托凭证的制度安排，实现存托凭证的融资功能率先在临港新片区落地。

（2）持续优化国际板

在国际板推出并稳定运行后，拓宽上市企业行业限制，力争吸引一定数量的世界一流企业发行上市，形成具有更高开放度和国际影响力的市场板块。在产品体系上，由外国公司前期发行融资型存托凭证逐步过渡到直接发行股票；基于基础股票，推出相关指数、基金和衍生产品，丰富国际板市场产品体系，提高市场流动性和交易活跃度。

（3）不断完善国际板金融风险防控方案

一方面，对国际板推出后所可能导致的直接金融风险进行全面分析，如对由此可能涉及的跨境资本流动问题进行分析，并提出相应的防范措施；另一方面，对国际板推出后所可能导致的间接金融风险进行分析，如对由此可能导致的 A 股短期内震荡加大这一问题进行分析，并提出相应的防范措施。

（4）积极争取中央部委的大力支持

上海要加强与中国人民银行、证监会、国家金融监管总局、国家外汇管理局的沟通，加强与相关部门的信息共享，通过不断完善的国际金融资产交易平台设计方案获取中央部委的支持，充分调动中央和上海在浦东引领区建设国际金融资产交易平台的积极性，促进上交所"国际板"在临港新片区尽快落地。

（二）提升本外币一体化资金池投融资功能

2022 年 7 月 22 日，中国人民银行、国家外汇管理局将上海纳入了第二批跨国公司本外币一体化资金池业务试点。中央和上海均高度重视本外币一体化资金池的建设。2023 年 12 月，国务院发布《全面对接国际高标准经贸规则推进中国（上海）自由贸易试验区高水平制度型开放总体方案》，支持临港新片区内各类跨国公司建立本外币一体化资金池。2022 年 11 月，上海市政府印发修订后的《上海市鼓励跨国公司设立地区总部的规定》，鼓励高能级总部企业按照有关规定开展本外币一体化资金池业务。上海的本外币一体化资金池业务与自由贸易紧密联系。从上海自由贸易账户发展情况来看，截至 2023 年 6 月底，上海市共 62 家金融机构参与其中，开立自由贸易账户总数已经突破 14.7 万个，累计跨境结算额度达到了人民币 163.1 万亿元。[1] 这一数据展现出了上海本外币一体化资金池所蕴含的巨大潜力与市场优势。

1. 上海升级本外币一体化资金池投融资功能存在的主要问题

一是资金池实际运营中活跃度不足，部分原因是资金池在直接投融资和金融产品发行方面尚处于初级阶段，亟须法律及市场基础支持与完善。

---

[1]《设立本外币一体化自由贸易账户，上海自贸区首创一套风险可控的金融审慎管理制度》，上观新闻，2023 年 10 月 7 日。

二是二级市场低迷也影响了发行主体的参与积极性，需要更多政策激励与市场机制创新以吸引企业使用资金池。

三是跨境风险顾虑使得企业使用本外币一体化资金池过于谨慎，额外的管控限制了其在资金管理效率上的优势展现，与 NRA 账户、OSA 账户等相比难以体现优势。

四是较高的入池门槛限制了更多跨境企业的参与，影响了资金池所能覆盖的市场广度和深度，制约了活力与效率的提升。

2. 对上海升级本外币一体化资金池投融资功能的建议

（1）取消对参与主体资质的限制

政策应放宽资金池参与条件，除特定机构外，不再设立资质限制。允许各类型机构将离岸本外币资源集中到资金池中，提高管理效率。企业若意图获取国际银团贷款或发行离岸债券，需符合国际市场资质要求。

（2）细化并严格控制本外币资金从离岸流向在岸的政策

学习国际经验，如美国通过国内离岸金融设施（IBF）确保资金隔离，以及日本由于执行离岸金融市场（JOM）隔离政策不力而导致的资金回流刺激本国资产泡沫问题。基于这些案例和我国跨境资金管理的具体情况，应当制定相关政策，确保人民币清算银行作为本外币一体化资金池的开户、结算、兑付等服务机构，在进行离岸资金操作时应实现自身平盘，严禁在境内银行间市场进行平盘操作。政策应明确资金使用限制，加强监管措施，防止资金违规流入在岸市场，并强化信息披露要求。

（3）将国际银团贷款及离岸债券作为切入点

政策层面需支持开户银行扩大全球业务合作范围，寻找愿参与银团贷款的合作伙伴银行，共同发放贷款，增加资金流动性，分散风险。支持银行向资金池发行离岸债券，促进更广泛市场参与。鼓励上海自贸试验区及临港新片区金融机构在债券兑付、结算和违约处理方面发挥积极作用，优化离岸债券市场运作，提高系统效率，降低成本，拓宽资金池服务范围。

（4）加强风险管理和压力测试

规定本外币一体化资金池管理银行的本外币收付信息管理系统（RCPMIS）数据报送义务，要求及时、完整、准确，并留存相关痕迹，协助做好非现场监测。另外，对于参与离岸资金池的金融机构进行分档，规定对应资金跨境流动场景下各档金融机构压力测试的要求，以及及时报送机制。

（三）严格防范各类金融风险

1. 防范金融数据跨境流动风险

（1）加快金融跨境数据白名单建设，兼顾流动安全与效率

为解决跨境数据流动中的便利性问题，《上海国际金融中心建设"十四五"规划》与《浦东新区综合改革试点实施方案（2023—2027年）》均提出相关措施，其方向与美国主导的 APEC 等国际组织的行动相符，鼓励区域性的数据跨境自由流动。美国已取得与欧盟及其他国家的双边协议并获得白名单资质，这使得欧盟的个人数据能自由流动至美国，无需额外保障措施。在此背景下，《浦东新区综合改革试点实施方案》也支持临港新片区采取安全而便利的数据流动机制以增强数据跨境流动的便利性。为推进这一举措落地，建议：

第一，建立数据入境国的白名单制度，并设立定期评估与临时评

估机制，确保数据流向国家维持高标准的数据保护。对于白名单设定外的领域，需要建立相应的执法管辖和追责机制，以便对可能危害国家安全、公共利益或公民、组织合法权益的跨境数据流动活动进行法律追究。

第二，建立完备的数据保护措施。如明确数据控制者和数据处理者的保护承诺作为数据跨境传输的前置条件。具体的保护措施可包括标准合同条款、具有约束力的企业规则及获得批准的认证机制。标准合同条款可以由政府根据数据保护原则来制定，通过合同方式来控制数据出境风险，在主管部门备案后即可进行数据跨境流动。具有约束力的企业规则适用于跨国集团企业内部数据流动，如果一个跨国集团能遵循完整、得到认可的数据处理机制，那么该集团内部整体可以成为一个"安全港"，其个人数据可以在集团内部成员间合法传输，无需主管部门批准。

（2）研究与国际接轨的金融数据安全管理体系

《浦东新区综合改革试点实施方案（2023—2027 年）》指出要进行深度研究，开发一种高标准的、与国际安全规则相符的数据管理制度，创新的数据监管机制和优化的跨境数据流动管理步骤是其中的核心焦点。为推动该举措落地，结合金融领域，建议：

第一，对金融交易数据的跨境流动设定安全评估制度。特别是对低敏感性的金融交易行情数据，可以实施备案制度以替代繁琐的事前审批，既节省行政资源又能保障数据安全。这种备案制度可以借助区块链、大数据等技术实现高效运作，而不会破坏数字经济的活力。备案内容需要包括数据跨境流动的目的，防止金融数据被非法传输。备案制度便于监管机构事后进行审查和管理，可以更好地平衡金融稳定与数据流动的需求。

第二，为数据跨境流动提供全链条监管，强化数据跨境流动的全周期保障。在此过程中，可以借鉴欧洲的"事前保护"、美国的"事后—前置"和俄罗斯的"极端前置"等模式，如美国的数据泄露通知制度（DBN）是一个值得参考的典范，可以防范对数据跨境流动监管的真空现象。在全链条监管中，数据跨境前，应通过数据分级分类管理制度进行评估，并对关键数据实行本地化储存；数据跨境流动过程中，需要重视隐私保护和实施数据泄露通知制度；数据跨境流动后，应强化侵权责任判定和司法救济制度，通过综合运用多种判罚手段，确保对数据侵权行为进行及时救济，从而全面保护数据在跨境流动过程中的安全。

2. 防范跨境资金流动风险

（1）加快建立跨境资金流动监测预警系统

《上海国际金融中心建设"十四五"规划》提出了建立跨境资金流动监测预警系统的需求。这里就上海加快建立跨境资金流动监测预警系统建议如下：

一是建立有效的跨境监控机制。首先，上海各金融监管部门需要与海关、上海自贸试验区管委会、临港新片区管委会等相关部门加强协作，确保准确获取相关的跨境资金流动数据。其次，建立并优化监测指标和评估体系，以便对跨境资金流动异常作出准确评估并采取相应的管控措施。

二是明确监管责任。在风险分担和监管职责分明的前提下，中央和地方金融监管部门需要密切协作，进行全方位的跨境资金流动风险因素监测和评估，并根据评估结果采取相应的风险防范措施。

三是加强国际监管合作。针对跨境资金流动所涉及的诸多问题，如互联互通、标准确认等，上海应主动进行国际化的沟通与协调，与其他国家和地区的监管机构加强合作。

（2）完善跨境支付体系建设

在防范跨境资金流动风险中，上海应着力完善跨境支付体系建设：

一是支持 CIPS 支付系统建设。包括提升 CIPS 的国际营销能力，扩大机构和区域的覆盖面，提高市场占有率。同时，积极探索和应用新兴数字技术，不断强化 CIPS 支付系统的功能，以应对 SWIFT 及美元清算体系对我国可能的限制。

二是优化跨境清算方式。支持人民币在跨境支付中的使用，提高非美元货币在跨境支付中的占比，支持银行在境内外建立统一的信息系统以提高清算效率。

三是深化货币互换和清算行合作。逐步突破双边货币互换合作的技术性障碍，推动多边本币互换架构，并设计人民币、小币种的银行间流动性支持工具以保障银行间支付活动顺畅。

3. 防范金融领域人工智能应用风险

近年来，人工智能在金融领域的应用不断扩大，但是人工智能技术的复杂性和高度自动化特点使得金融机构在使用过程中也可能面临数据隐私泄露、算法歧视、系统漏洞等风险，因此，上海在国际金融中心建设中还应重视防范金融领域人工智能应用的风险：

（1）深入挖掘人工智能在金融领域的潜力

上海应加强 AI 知识的科普，让金融机构和公众进一步理解 AI 技术在金融服务中的应用以及可能带来的风险。同时，上海还应鼓励科技公司进行 AI 技术的创新，探索 AI 技术在更多金融领域的应用可能性，比如贷款审批、投资分析、风险管理等，提高上海在全球金融科技领域的竞争力。

（2）及时调整监管政策

作为国际金融中心的上海，应加强对人工智能在金融领域应用的监管，以应对 AI 可能带来的各种风险。在维护金融市场稳定的同时，上海还应紧跟人工智能技术发展，根据人工智能技术在金融领域的应用及潜在风险，及时调整监管政策。

参考文献

1. Al Mamun M., Boubaker S., Nguyen D. K., "Green finance and decarbonization: Evidence from around the world", *Finance Research Letters*, 2022.

2. Brandon, G. R., Glossner, S., Krueger, P., Matos, P., and Steffen, T., "Do Responsible Investors Invest Responsibly?", *Review of Finance*, 2022, 26(6).

3. Christoph N, Truzaar D, Olaf W., "The nature of global green finance standards-evolution, differences, and three models", *Sustainability*, 2021, 13(7).

4. Curtis, Q., Fisch, J., and Robertson, A. Z., "Do ESG Mutual Funds Deliver on Their Promises?", *Michigan Law Review*, 2021, 120(3).

5. Fatica S, Panzica R., "Green bonds as a tool against climate change?", *Business strategy and the environment*, 2021, 30(5).

6. Flammer C., "Green bonds: Effectiveness and implications for public policy", *Environmental and Energy Policy and the Economy*. 2020.

7. Habiba U, Xinbang C, Anwar A., "Do green technology innovations, financial development, and renewable energy use help to curb carbon emissions", *Renewable energy*, 2022, 193(6).

8. He, L. Y., L. H. Zhang, Z. Q. Zhong, D. Q. Wang, and F. Wang., "Green

Credit, Renewable Energy Investment and Green Economy Development", *Journal of Cleaner Production*, 2019, 208(1).

9. Liu Z., Zhang C., "Quality Evaluation of Carbon Information Disclosure of Public Companies in China's Electric Power Sector Based on ANP-Cloud Model", *Environmental Impact Assessment Review*, 2022: 106818.

10. Lyon T. P., Maxwell J. W., "Greenwash: Corporate Environmental Disclosure under Threat of Audit", *Journal of Economics and Management Strategy*, 2011, (01).

11. Matisoff D. C., Noonan D. S., O'Brien J. J., "Convergence in Environmental Reporting: Assessing the Carbon Disclosure Project", *Business Strategy and The Environment*, 2013, 22.

12. Pástor, L., Stambaugh, R. F., and Taylor, L. A., "Dissecting Green Returns", *Journal of Financial Economics*, 2022, 146(2).

13. Raghunandan A., and Rajgopal S., "Do ESG Funds Make Stakeholder-Friendly Investments?", *Review of Accounting Studies*, 2022, 27(3).

14. Saka C., Oshika T., "Disclosure Effects, Carbon Emissions and Corporate Value", *Sustainability Accounting, Management and Policy Journal*, 2014, (05).

15. Serafeim G., and Yoon A., "Stock Price Reactions to ESG News: The Role of ESG Ratings and Disagreement", *Review of Accounting Studies*, 2023, 28.

16. Gennaioli N., Shleifer A., Vishny R., "Neglected risks, financial innovation, and financial fragility", *Journal of Financial Economics*,

2012, 3(104).

17. Hirtle B., Lehnert A., "Supervisory Stress Tests", *Annual Review of Financial Economics*, 2015, 7.

18. Dent K., Westwood B., Basurto M. S., "Stress testing of banks: an introduction", *Bank of England Quarterly Bulletin*, 2016, Q3.

19. 庄芹芹、程远：《推进高水平国际科技创新中心建设研究——以上海市为例》，《发展研究》2023 年第 10 期。

20. 叶玮、张瑾：《"一带一路"背景下中国与阿拉伯国家金融合作机制研究》，《阿拉伯世界研究》2020 年第 5 期。

21. 杨力、张瑾：《沙特建立主权财富基金的政治经济学分析》，《阿拉伯世界研究》2012 年第 6 期。

22. 李兴彩：《上海金融科技中心建设交出"新答卷"》，《上海证券报》2023 年 12 月 11 日。

23. 郭孜一：《科技金融二元融资模式的国际经验借鉴》，《财会通讯》2023 年第 3 期。

24. 陈中伟：《科技金融发展的国际比较与启示》，《科学管理研究》2018 年第 4 期。

25. 张恒龙、袁路芳：《科技金融：国际经验与本土挑战》，《上海经济研究》2015 年第 5 期。

26. 李俊霞、温小霓：《中国科技金融资源配置效率与影响因素关系研究》，《中国软科学》2019 年第 1 期。

27.《从金融地产走向金融科技》，《华夏时报》2023 年 12 月 1 日。

28. 刘元春：《提升上海国际金融中心建设能级的三个关键》，《新金融》2023 年第 11 期。

29. 安国俊：《碳中和目标下的绿色金融创新路径探讨》，《南方金融》2021 年第 2 期。

30. 巴曙松、彭魏倬加：《英国绿色金融实践：演变历程与比较研究》，《行政管理改革》2022 年第 4 期。

31. 毕思勇、张龙军：《企业漂绿行为分析》，《财经问题研究》2010 年第 10 期。

32. 陈华、王海燕、荆新：《中国企业碳信息披露：内容界定、计量方法和现状研究》，《会计研究》2013 年第 12 期。

33. 陈金晓：《"双碳"目标下的经济循环：循环低碳化与低碳循环化》，《经济学家》2022 年第 9 期。

34. 陈诗一、李志青：《绿色金融概论》，复旦大学出版社 2019 年版。

35. 陈骁、张明：《中国的绿色债券市场：特征事实、内生动力与现存挑战》，《国际经济评论》2022 年第 1 期。

36. 陈彦斌、谭涵予：《宏观政策"三策合一" 加强政策协调 着力推动中国经济高质量发展》，《政治经济学评论》2023 年第 14 期。

37. 崔惠玉、王宝珠、徐颖：《绿色金融创新、金融资源配置与企业污染减排》，《中国工业经济》2023 年第 10 期。

38. 丁宁、任亦依、左颖：《绿色信贷政策得不偿失还是得偿所愿？——基于资源配置视角的 PSM-DID 成本效率分析》，《金融研究》2020 年第 4 期。

39. 高晓燕、卢悦、陈晓晨：《我国商业银行绿色信贷产品创新的典型事实与因应策略》，《山东财经大学学报》2019 年第 6 期。

40. 何德旭、程贵：《绿色金融》，《经济研究》2022 年第 10 期。

41. 黄大禹、谢获宝、邹梦婷：《通往绿色之路：企业 ESG 表现与环保投资——基于中国绿色金融创新政策赋能的经验证据》，《上海经济研究》2023 年第 10 期。

42. 黄卓、王萍萍：《金融科技赋能绿色金融发展：机制、挑战与对策建议》，《社会科学辑刊》2022 年第 5 期。

43. 贾洪文、张伍涛、盘业哲：《科技创新、产业结构升级与经济高质量发展》，《上海经济研究》2021 年第 5 期。

44. 李秀玉、史亚雅：《绿色发展、碳信息披露质量与财务绩效》，《经济管理》2016 年第 7 期。

45. 李云燕、张硕：《中国绿色金融发展的时空格局变迁与关联网络演化》，《当代经济管理》2023 年第 11 期。

46. 刘春红：《支持长三角一体化高质量发展的金融体系研究》，《宏观经济管理》2021 年第 12 期。

47. 刘桂平：《努力提高金融体系气候风险管理能力》，《中国金融》2022 年第 5 期。

48. 刘瀚斌、李志青：《绿色金融风险理论与实务》，复旦大学出版社 2023 年版。

49. 刘华军、张一辰：《新时代 10 年中国绿色金融发展之路：历程回顾、成效评估与路径展望》，《中国软科学》2023 年第 12 期。

50. 陆菁、鄢云、王韬璇：《绿色信贷政策的微观效应研究——基于技术创新与资源再配置的视角》，《中国工业经济》2021 年第 1 期。

51. 马骏：《〈G20 转型金融框架〉及对中国的借鉴》，《中国金融》2022 年第 23 期。

52. 牛海鹏、张夏羿、张平淡:《我国绿色金融政策的制度变迁与效果评价——以绿色信贷的实证研究为例》,《管理评论》2020年第8期。

53. 裴育、徐炜锋、杨国桥:《绿色信贷投入、绿色产业发展与地区经济增长——以浙江省湖州市为例》,《浙江社会科学》2018年第3期。

54. 宋皓皓、王英:《生态位视角下中国东部地区高技术产业竞争力综合评价》,《地域研究与开发》2022年第3期。

55. 苏冬蔚、连莉莉:《绿色信贷是否影响重污染企业的投融资行为?》,《金融研究》2018年第12期。

56. 王丽萍、徐佳慧、李创:《绿色金融政策促进企业创新的作用机制与阶段演进》,《软科学》2021年第12期。

57. 王韧:《"双碳"背景下我国转型金融的发展路径探究》,《理论学刊》2022年第4期。

58. 王文、刘锦涛:《碳中和视角下中国与东盟绿色金融合作路径分析》,《学术论坛》2021年第6期。

59. 王 文:《"一带一路"金融合作十年回望》,《中国金融》2023年第13期。

60. 王馨、王营:《绿色信贷政策增进绿色创新研究》,《管理世界》2021年第6期。

61. 王亚玲:《双碳背景下区块链解决绿色金融"漂绿"问题研究》,《金融科技时代》2022年第12期。

62. 王营、冯佳浩:《绿色债券促进企业绿色创新研究》,《金融研究》2022年第6期。

63. 魏丽莉、杨颖:《绿色金融:发展逻辑、理论阐释和未来展望》,《兰州大学学报(社会科学版)》2022年第2期。

64. 文书洋、林则夫、刘锡良:《绿色金融与经济增长质量:带有资源环境约束的一般均衡模型构建与实证检验》,《中国管理科学》2022年第3期。

65. 文书洋、刘浩、王慧:《绿色金融、绿色创新与经济高质量发展》,《金融研究》2022年第8期。

66. 向秋兰、蔡绍洪、张再杰:《产业结构演进与中国经济高质量转型发展》,《贵州财经大学学报》2023年第1期。

67. 肖红军、张俊生、李伟阳:《企业伪社会责任行为研究》,《中国工业经济》2013年第6期。

68. 徐洪峰、伊磊:《构建中国转型金融体系:必要性、定位及建议》,《西南金融》2023年第3期。

69. 闫海洲、陈百助:《气候变化、环境规制与公司碳排放信息披露的价值》,《金融研究》2017年第6期。

70. 于法稳、林珊:《"双碳"目标下企业绿色转型发展的促进策略》,《改革》2022年第2期。

71. 张奔、宫大卫、于潇:《绿色金融标准演进路径及制度逻辑研究》,《统计与信息论坛》2023年第9期。

72. 张伟伟、李天琦、高锦杰:《"一带一路"沿线国家绿色金融合作机制构建研究》,《经济纵横》2019年第3期。

73. 张叶东:《"双碳"目标背景下碳金融制度建设:现状、问题与建议》,《南方金融》2021年第11期。

74. 赵晶、迟旭、孙泽君:《"协调统一"还是"各自为政":政策协同对企业自主创新的影响》，《中国工业经济》2022 年第 8 期。

75. 中国人民银行研究局课题组：《绿色金融改革创新试验区建设进展及经验》，《中国金融》2023 年第 6 期。

76. 周杰琦、陈达、夏南新：《人工智能对绿色经济增长的作用机制与赋能效果——产业结构优化视角》，《科技进步与对策》2023 年第 4 期。

77. 朱兰、郭熙保：《党的十八大以来中国绿色金融体系的构建》，《改革》2022 年第 6 期。

78. 朱民、郑重阳、潘泓宇：《构建世界领先的零碳金融地区模式——中国的实践创新》，《金融论坛》2022 年第 4 期。

79. 朱民、郑重阳、潘泓宇：《构建世界领先的零碳金融地区模式——中国的实践创新》，《金融论坛》2022 年第 4 期。

80. 朱民、亓艳、宗喆：《构建全球领先的碳中和转型金融（下）》，《中国金融》2022 年第 2 期。

81. 彭昱：《宏观审慎监管框架下美欧银行业宏观压力测试的经验及借鉴》，《中国集体经济》2023 年第 9 期。

82. 李良艳：《人民币期货发展研究》，中共中央党校博士论文，2017 年。

83. 丁剑平、郭凤娟：《外汇期货发展的国际经验与启示》，《中国外汇》2021 年第 17 期。

84. 邬向阳、王若萱、王博：《CIPS 高效服务"一带一路"资金融通》，《中国金融》2023 年第 11 期。

85. 冯果、张阳：《债券市场国际化的结构困局及其治道突破》，《社会科学战线》2020 年第 3 期。

后　记

　　上海国际金融中心建设是国家战略，新征程加快建设上海国际金融中心是我国建设金融强国题中之义。2023 年 10 月召开的中央金融工作会议不仅首次提出"要加快建设金融强国"，将金融工作上升到更高战略高度，而且将"强大的金融中心"作为建设"金融强国"的六大核心要素之一，打造上海、香港等国际金融中心。2024 年 7 月召开的党的二十届三中全会要求"加快建设上海国际金融中心"，充分体现了党中央对上海国际金融中心建设的殷切期望。对于新征程上如何建设上海国际金融中心，在 2023 年 6 月召开的陆家嘴论坛上，上海市委书记陈吉宁提出，努力把上海国际金融中心建设成为金融与科技融合创新的引领者、服务绿色低碳转型的示范样板、金融风险管理与压力测试的试验区。

　　为服务国家战略和区域经济发展，上海立信会计金融学院组建了智库研究团队长期从事上海国际金融中心建设研究，从 2006 年至今已出版 16 本《上海国际金融中心建设蓝皮书》年度图书，在国际金融中心研究领域有深厚的学术积累，为上海国际金融中心建设提出了许多真知灼见。为发挥上海立信会计金融学院这一优势，在中央金融工作会议召开之后不久，我们智库研究团队就围绕上海在金融与科技融合创新中发挥引领作用、在金融服务绿色低碳转型中发挥示范作用、开展金融风险管理与压力测试进行研究，进而形成了这本书的初稿。在党的二十届三中全会胜利召开后，我们又根据全会精神对书稿进行了修改完善。

为发挥我们研究团队的力量，根据团队成员的研究特长，我们分工合作完成了这本书：第一章作者为杨力、肖本华；第二章作者为邹兆敏、杨力、肖本华；第三章作者为王东明、肖本华、杨力、韩莹、刘文杰；第四章作者为刘郭方、杨力、肖本华；由杨力、肖本华负责完成全书的框架设定，肖本华进行统稿，杨力最后审定。

本书的研究任务之一是要从资金链、创新链和产业链有机融合的视角，分析金融支持企业科技创新和产业链现代化的影响机制和实施路径，这实际上就是要加强金融和科技的融合创新。在这本书中，我们探讨微观主体投融资决策等在绿色金融支持绿色技术创新，实现实体产业链现代化绿色发展的机理和路径，这实际上就是要加大金融支持绿色低碳转型的力度。作为正在建设国际金融中心的上海，自然应该在金融和科技的融合创新以及金融服务绿色低碳转型发挥示范引领作用。我们将在这本书研究成果的基础上，进一步总结上海经验，并建议将其中一些经验在全国复制推广。

本书获得了上海市哲学社会科学规划办公室"上海智库报告文库"研究和出版计划的资助，在书稿修改完善的过程中，上海人民出版社的编辑提供了大力帮助，在此我们对上海市哲学社会科学规划办公室和上海人民出版社表示诚挚的感谢！本书的完成也得到了上海立信会计金融学院的大力支持，其中学校科研处的叶晓佳、黄伟、周鄞洁、王泓等老师为本书研究和撰写提供了大量的服务工作，我们在此一并表示感谢。真诚欢迎来自各界的批评。

作　者
2025 年 4 月

图书在版编目(CIP)数据

　　示范引领 ：上海国际金融中心建设新作为 / 杨力等
著. -- 上海 ：上海人民出版社，2025. -- ISBN 978-7
-208-19293-5

　　Ⅰ. F832.751

　　中国国家版本馆 CIP 数据核字第 202469K1N7 号

责任编辑　李　莹
封面设计　汪　昊

示范引领:上海国际金融中心建设新作为
杨　力 等著

出　　版　上海人民出版社
　　　　　（201101　上海市闵行区号景路 159 弄 C 座）
发　　行　上海人民出版社发行中心
印　　刷　上海中华印刷有限公司
开　　本　787×1092　1/16
印　　张　14
插　　页　2
字　　数　156,000
版　　次　2025 年 6 月第 1 版
印　　次　2025 年 6 月第 1 次印刷
ISBN 978 - 7 - 208 - 19293 - 5/F · 2904
定　　价　62.00 元